GIGAスクール構想で進化する学校、取り残される学校

㈱情報通信総合研究所特別研究員
文部科学省ICT活用教育アドバイザー
平井聡一郎◉編

教育開発研究所

はじめに

『ＧＩＧＡスクール構想で進化する学校、取り残される学校』――こんな刺激的なタイトルにもかかわらず本書を手にされた皆様は、なぜ本書が気になり、そして手にとられたのでしょうか？　そこに、本書を刊行した最大の理由、そしてねらいがあります。

ここで、ＧＩＧＡスクール構想はなぜ始まったのかを考えてみます。その意味を探るには、そもそもＧＩＧＡとは何なのかを理解する必要があります。ＧＩＧＡは「Global and Innovation Gateway for All（全ての児童・生徒のための世界につながる革新的な扉）」の頭文字です。ここでいう世界とは、子どもたちがこれから飛び出していくであろう世界であり、物理的に言えば外国、観念的に言えば不確定、不確実な未知の世界とも言えます。現代はまさにそのような世界になってきていると言えるでしょう。では、そんな世界に、子どもたちは手ぶらで、無防備に飛び出していけるのでしょうか？

そんな現状をふまえ、文部科学省は、２０２０年度から本格実施が始まった新学習指導要領において、主体的・対話的で深い学びという、子どもたちに自ら考え、判断し、行動できる力が育つ学びを実現することで対応しようとしています。すべての教科等で、情報活用能力の育成を図るということもその一環です。そして、その学びを支えるため、

ICT機器を整備することを教育委員会の責務としました。まさに、ここで整備されるICT機器こそが、子どもたちにとっての「Innovation Gateway」と言えるでしょう。

しかし、新学習指導要領を検討している時点での各自治体のICT機器整備状況を見ると、自治体間格差が顕著であり、とても「for All」と言える状況ではありませんでした。そこで、文部科学省を中心に関係各省庁が手を携えて、学校のICT機器環境を整え、「for All」を実現しようと取り組んだのが、GIGAスクール構想なのです。

さて、新型コロナウイルスへの対応に迫られ急速に加速されたGIGAスクール構想ですが、2021年度には多くの関係者の努力の結果、全国の自治体でのICT機器整備がおおむね達成されました。もちろん急ピッチで進めたがゆえの弊害はあり、けっして十分とは言えない状況もあるでしょう。しかし、これまで長い時間をかけてもできなかった1人1台の環境が整ったことは事実です。そして、学校はいよいよ、ポスト・GIGAというICT機器活用を切り口とした教育改革のフェーズに入ることになるのです。

事実、多くの自治体、学校で導入されたICT機器を活用した学びがスタートしました。これが、本書で示すところの「進化する学校」となります。しかし、残念ながら教育改革へのスタートが切りきれない「取り残された学校」になりかねない学校が存在することも事実です。おそらく本書を手にとられた方の多くは、この「取り残された学校」への危機感を感じたことにより、関心を持たれたのではないかと思います。

本書は、「進化する学校」と「取り残される学校」というセンセーショナルなタイトルとなっていますが、けっして学校の選別を意図するものではありません。「for All」を目指したGIGAスクール構想が、新たな格差を生み出そうとしている状況をふまえ、「進化する学校」とはどんな学校なのか、そして「取り残される学校」はなぜ取り残されるのかを、多面的に検証し、進化するための方策を考えていくことで、すべての学校が「進化する学校」となることを目指しています。

本書は文部科学省の担当者から公立学校の先生まで、数多くの多彩な教育関係者によって執筆されています。それは、GIGAスクール構想の実現を阻害する要因が、多岐にわたる複合的なものであることによります。単純な教育課題ではなく、現場の先生方の努力だけで解決できるものでもないということです。そのため、教育行政にかかわる方から研究者の皆様、そして教育現場で実際にGIGAスクール構想に取り組んでいる先生方が、この課題を解決するために本書の執筆にかかわってくださいました。また、本書の執筆者の多くが学校管理職の経験者であることも特徴となっています。それは、全国各地の「進化する学校」では、その進化の背景に教育委員会や学校管理職の果たす役割が大きかったことによります。そこで、多くの先進的・先導的な事例から、学校管理職が主導する教育改革、学校のデザインの方向性をお示しできたと思っています。

本書では、GIGAスクール構想が目指す、ICT機器活用を切り口とした教育改革の実現に向けて、これからの学校デザインの方向性を7章にわたって示しています。

1章「GIGAスクールを失敗させないために」では、なぜ学校は変化しなくてはならないのか？　なぜICT機器を導入し、学校DXを推進しなくてはならないのかを考え、学校経営のビジョンを明らかにします。

2章「学校全体のICT化を進める」では、ICT機器の活用を授業だけにとどまらせず、学校という組織全体のデジタル化、すなわち学校DXのあり方を考えます。

3章「授業・学びのICT化を進める」では、授業におけるICT機器活用のポイントを示すことで、これからの学びの姿を考えます。

4章「成功の鍵を握る学校管理職」では、これからの学校管理職に求められるICTリテラシーを示しています。学校管理職の皆様は、1章と併せて読み込んでいただくことで、ポスト・GIGAの学校デザインをイメージしていただけるものと思います。

GIGAスクール構想は単なる機器整備ではありません。そこで、5章「成功する自治体、失敗する自治体」では、教育委員会が果たすべき明確な教育ビジョンの策定と、それに基づく機器整備と運用計画などを考えます。

ポスト・GIGAでは、これまで経験してこなかった新しい教育活動が求められます。そこで、6章「GIGAスクールのその先へ」では、次のステップに進むために必要なリテラシーを考えます。

7章「これで解決！　GIGAスクール1問1答」では、先行実践からGIGAスクールへの対処の仕方について考えていきます。

このように、本書の7章にわたる構成は、GIGAスクール構想の実現を阻害するさまざまな要因を多くの先行実践から洗い出し、その一つひとつについて解決の緒を指示すものにもなっています。できれば、1章から順に読んでいただくとよいですが、どこから読んでもお役立ていただけるように構成されています。

また、本書は教育にかかわるすべての皆様にご活用いただけるような内容を目指していますが、学校管理職、教育行政にかかわる皆様にとっては、今後の学校経営ビジョン策定においても参考にしていただけるものと思います。つまり、本書で「デジタル化された学校とは何か？」「学校DXとは何か？」というイメージをつかんでいただくことが、今後の学校経営に活きていくのです。さらに、本書によって、各学校のミドルリーダー、ICT活用のリーダーである先生方が、あるべき学校像をイメージし、さらなるステップアップにつなげていただければ嬉しく思います。

本書はICT機器を活用した授業づくりやICT機器の操作を学ぶことが目的の本ではありません。本書が目指すのは、GIGAスクール構想を切り口とした教育改革であり、テクノロジーに支えられた学校DXの実現です。変化する社会のなかで、学校は進化し続けなければなりません。GIGAスクール構想によって、その基盤は整備されました。ここからが、私たちこの国の教育にかかわる者の出番です。本書が、日本のすべての学校が「進化する学校」となることへの一助となることを願います。

平井　聡一郎

目次

3章 授業・学びのICT化を進める

6章 GIGAスクールのその先へ

7章 これで解決! GIGAスクール1問1答

1章

GIGAスクールを失敗させないために

そもそも学校は何のためにデジタル化するのか

桐生　崇（文部科学省大臣官房文部科学戦略官・総合教育政策局教育ＤＸ推進室長）

≫ＶＵＣＡな世界とSociety5.0

（1）ＶＵＣＡな世界

「ＶＵＣＡ《ブーカ》」という言葉をご存知でしょうか。Volatility（不安定）、Uncertainty（不確実）、Complexity（複雑）、Ambiguity（曖昧）の頭文字をつなげたもので、変化が激しく、混沌とした現在の世界を表現している言葉です。ＶＵＣＡは言い換えると、変化は確実に起こるが、どうなるのかは複雑すぎて先が見通せない、正解が存在するかもわからない世界とも言えます。左のグラフをご覧ください。新聞記事の「不確実性」等の用語が出てくる頻度を表しており、近年飛躍的に指数が伸びていることがわかります。ＶＵＣＡは世界各国の政府等の文書の中でもよく使われており、多くの国々が今後のトレンドをＶＵＣＡであると捉えています。

(2) Society 5.0

また、「Society5.0」という言葉もよく聞かれるのではないでしょうか。こちらは第５期科学技術基本計画において提唱された、日本が目指すべき未来社会の姿のことです。具体的には、狩猟採集社会をSociety1.0、農耕社会をSociety2.0、工業社会をSociety3.0、情報社会をSociety4.0として、これらに続く、サイバー空間（仮想空間）とフィジカル空間（現実空間）を高度に融合させたシステムにより経済発展と社会的課題の解決を両立する新たな未来社会を「Society5.0」と定義しています。Society4.0と5.0の違いはどこにあるかというと、4.0では人間が情報を解析することで価値が生まれましたが、5.0ではビッグデータ

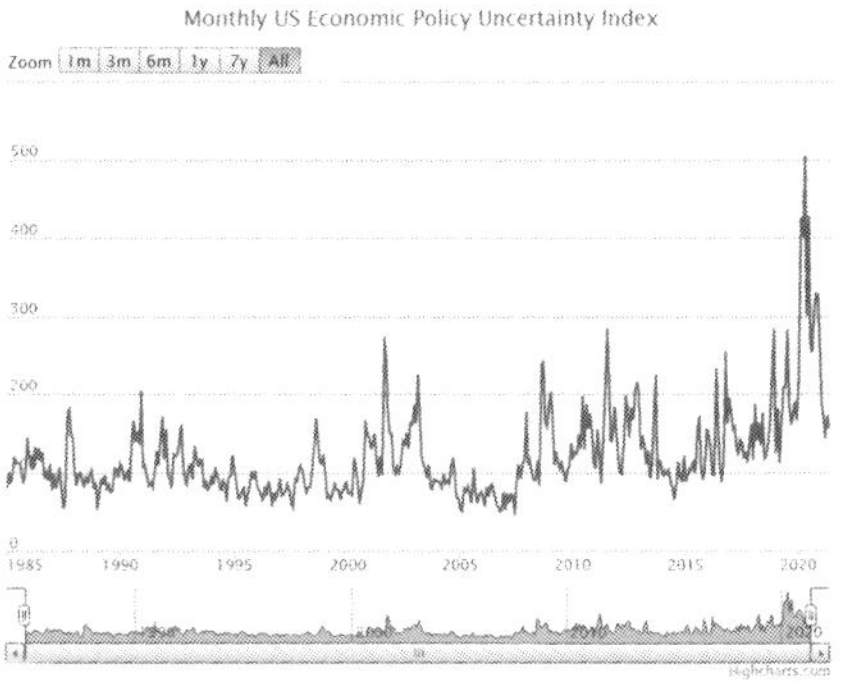

世界経済政策不確実性（GEPU）指数
https://www.policyuncertainty.com/index.html

をＡＩが解析し、その結果がロボット等を通して人間にフィードバックされることで、これまでにはできなかった新たな価値が産業や社会にもたらされることになる点です。

(3) 未来の展望

それでは、ＶＵＣＡな世界やSociety5.0の到来により、われわれの生活はどのように変わるのでしょうか。さまざまな未来のビジョンが提案されていますが、共通して提唱されているポイントは次の3点だと考えます。

①サービスの質そのものが大きく変わる

これまでより「よりよくなる」という連続的な改善の場合もありますが、さまざまな知識や情報が共有されることで「これまでにはなかった」価値が生み出されることが想定されます。

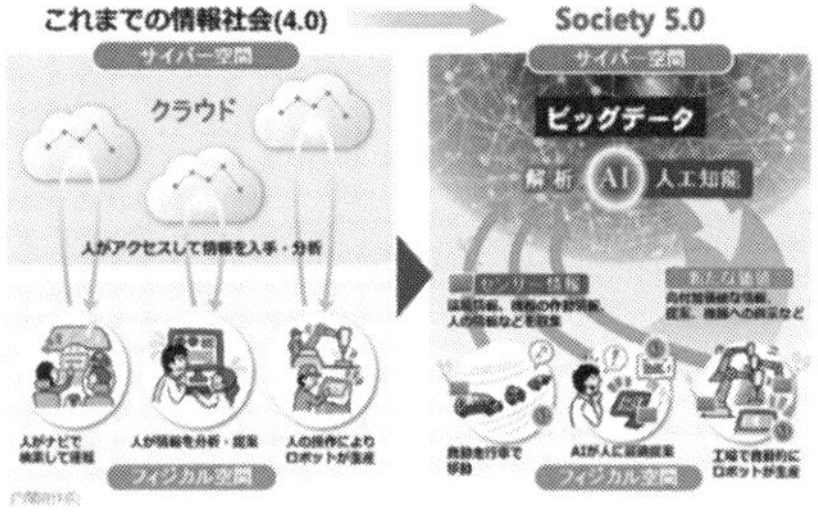

②人間のやるべきこと（仕事等）が大きく変わる

人工知能（ＡＩ）やロボティクス等の発展により、人間がやるべきことは創造性や協調性、非定型的なことが中心となることが想定されます。

③価値観・考え方が大きく変わる

各国政府の政策やビジョンは経済指標の向上等から、個人・社会の幸福（Well《ウェル》-being《ビーイング》）志向を高めており、価値観や考え方が大きく変わっていくことが想定されます。

ＶＵＣＡ、Society5.0等に代表されるように、現在、私たちは時代の節目となるような大きな転換期にいます。こうした転換は、時間の差こそあれ、国や地域、分野を問わずに起こると考えられており、日本の教育分野においても同様です。ここ数年起きている変化も、技術的な進展等によりたまたま起きているというよりも、大きな変化の一環と考えたほうが理解しやすいのではないでしょうか。

教育とＤＸ

（1）ＤＸの３段階

大きな転換の中で鍵となる概念の一つが「ＤＸ」（Digital Transformation）で

す。それではDXとはどのような内容で、教育においてDXはどのような意味を持つのでしょうか。

DXをそのまま訳すと「デジタルによりもたらされる物事の変化・変容」となります。DXは大きく3つの段階に分けることができますが、それぞれの段階の内容と、教育において想定される変化をご紹介します。

①第1段階：デジタイゼーション（Digitization）

紙などアナログなものをデジタル化することにより、業務を効率的・効果的にすることです。パソコンやシステムの導入や、電子上ですべての手続きを行えるようにすることなどもこの段階です。一般に言われる「IT化（ICT化）」はおおむねこの段階と考えられます。教育においては、GIGAスクール構想による児童・生徒への1人1台端末の導入やネットワーク整備等がこの段階に該当します。

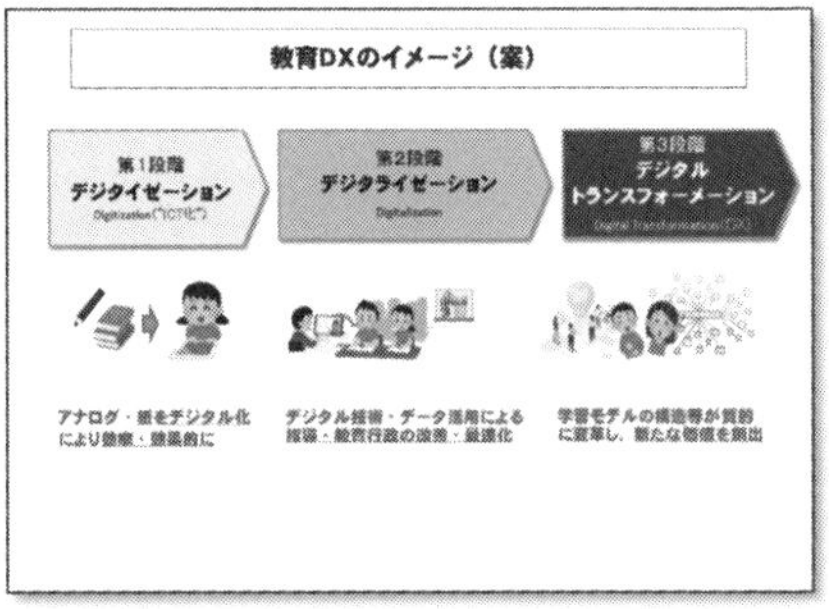

②第2段階：デジタライゼーション（Digitalization）

データのやり取りや共有をデジタルで行うことにより、仕事の段取りや進め方が最適となる段階です。教育においては、たとえば、デジタル教材等の各項目に学習指導要領コード（2021年文部科学省公表）が付してあり、データ連携を行うことで、デジタル教科書である項目を学んでいるときに、関連部分をデジタルドリルで演習したり、その項目に関係する博物館等の絵画や古文書を閲覧できたり、それらの学習ログ（記録）を個人ごとに蓄積して、それを児童・生徒が振り返ったり、教員が指導に活用したりすること等が想定されます。

③第3段階：デジタルトランスフォーメーション（Digital Transformation、DX）

デジタル技術を用いてさまざまな知見や技術が日本のみならず世界中で相互に活用できるようになることで、これまでにない組み合わせが起き、ビジネスモデルや仕事そのものの変革が起きる段階です。教育分野においても同様のことが考えられ、場所や時間等の制約が少なく、個人の特性に応じた生涯を通じた学びなどが行えるようになるなど、新たな価値を創出することが想定されます。この段階まで全国の学校が到達するのは少し将来のことになると考えますが、この段階も視野に入れて議論を進めていくことが必要です。

これらの3段階はすべてが一斉に進むわけではなく、地域や学校により、また、事柄により、各段階が入り混じって進んでいくことになると考えられます。

なお、学校のあらゆることをすべてデジタル化すればいいということではありません。学習活動として、紙の本を読む、考えをノートに書き出すなどアナログなものは必要でしょうし、アナログのほうが効果的なことも多いでしょう。ただ、その場合でも、必要なときにデジタル環境で活用できるようにすることや、アナログな活動もたとえばデータ化するなどしていかに知見として活用できるようにするかという観点は必要です。もはやデジタルかアナログかを意識せずにさまざまなことができることが重要であり、そのためにもDXの考え方が必要なのです。

(2) 教育DXにより変わること

それでは、DXにより教育はどのような姿になっていくことが予想されるでしょうか。文科省教育DX推進室における議論をもとに、いくつかキーワードをピックアップしてみます。

まず、さまざまな打ち手の前提となる現状の把握は、目に見える範囲の部分的な把握（定期診断・スナップショット的把握）から、連続的で立体的な把握（動画的把握）が可能となっていき、個々の児童・生徒に対する常日頃からの支援や、納得のいく学び方が可能となると考えられます。

また、たとえば教員等の経験や知見は個人ごとに大きく異なりますが、先人の知見の蓄積を仕組みとして組み込んだソフトウェアを活用することで、集合知を前提としてさらにその先の個別の対応ができるようになることが想定されます。

さらに、教材、指導方法、学習方法等は、ある程度標準的なモデルを想定して行われていますが、今後は学ぶ側、教える側の双方とも特性に応じた方法ができるようになると想定されます。

何か起こってからの対応に莫大な労力をかけるということが多い学校の対応が、個人ごとの予測等から事前に対応ができたり、事件等の防止ができたりすることが考えられます。

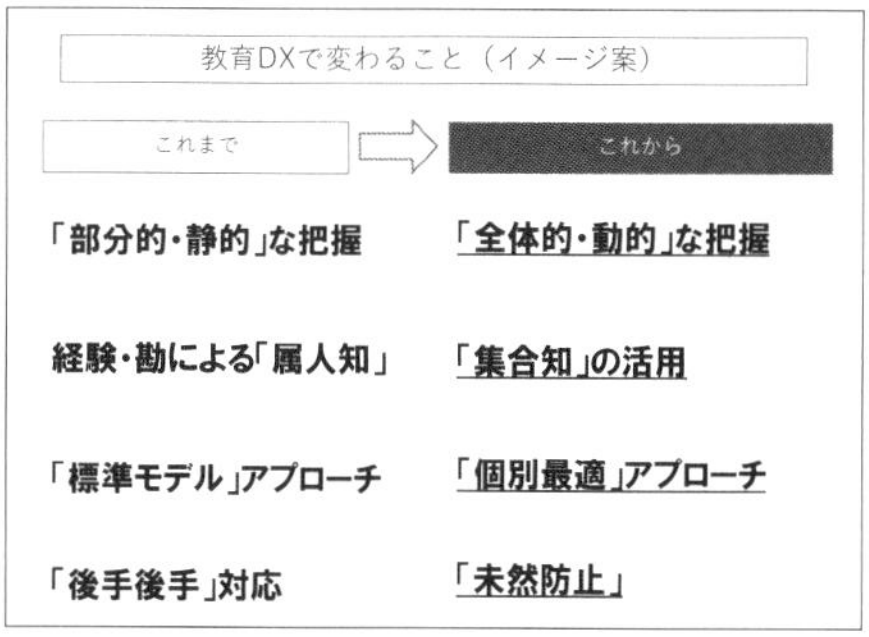

このような多くの「できるといいな」を「できる」に変えていけるツールがＤＸです。

(3) 教育ＤＸはなぜ必要なのか

「ＩＣＴ化やＤＸは、流行《はや》りだからやらないといけない」と思われる方もいらっしゃると思いますし、「多忙な学校でなぜＤＸをやらなければならないのか」という声もうかがいますが、なぜ教育ＤＸが必要なのでしょうか。

手間がかかり大変な業務を効率化できるという点については、必要性をご理解いただける度合いは高いと思います。ただ、ＤＸが真価を発揮するのはその先です。ＤＸによってやり方そのものを改善できたり、世界のさまざまな知見や知恵を活用できたりするのに使わないことは、飛行機、電車、車等の交通ツールが使えるのにわざわざ徒歩だけを選ぶのと同様、可能性の大きな損失です。徒歩「しか」選べないのと、車も使えるし徒歩「も」選べるのとでは大きな違いです。なにより、新たな知見をお互い活用していけるＤＸは可能性の大きな、興味深いことであり、教育において求められる要素ではないでしょうか。

便利な道具（デジタル）でも慣れないと「〝とりあえず〟使わないで様子を見る」となりがちですが、「〝とりあえず〟使ってみる」とちょっとだけ言葉を変えて気軽につきあってみることからで十分です。先行してＤＸを進めている学校や地域も、最初からすべて準備万端でやっているところばかりではなく、やってみたら案外簡単にできた、という部分が多いものです。先の見通せないＶＵＣＡな現状では、大がかりな仕組みや長期計画を考えることも重要ですが、まずは小さく始めてみて、修正を繰り返していく方法（アジャイル方式）が時代と相性のよいやり方となります。

ＤＸの第一歩となるＧＩＧＡスクール構想の〝ＧＩＧＡ〟は、これからの世界を生きるすべての子どもにとってグローバルで革新的な入り口"Global and Innovation Gateway for All"となることを願ってつけられた名前です。これをただの目標にするのではなく、現実の姿とするべく、少しずつでも試しては改善していくことが大事だと考えます。

新学習指導要領の理念実現のために
――未来の創り手となるために必要な資質・能力を育むための授業改善

前田　康裕（熊本市教育センター主任指導主事）

「主体的・対話的で深い学び」は何のため？

教員研修などで、新しい学習指導要領のキーワードは何ですか、と参加者に問うてみると、「主体的・対話的で深い学び」という答えが返ってくることが多くあります。一方、「資質・能力」という答えが返ってくることはめったにありません。この現状を考えると、学習指導要領の理念が「主体的・対話的で深い学び」という方法論に矮小化されてしまっているのではないでしょうか。

学習指導要領の改訂の中心となるべきは、「よりよい学校教育を通じてよりよい社会を創る」という目標を共有することであり、「社会と連携・協働しながら、未来の創り手となるために必要な資質・能力を育む」ということです。そのための資質・能力が、「知識・技能の習得」「思考力・判断力・表現力等の育成」「学びに向かう力・人間性の涵養」ということになります。

そうした資質・能力を育むための方法論として位置づけてあるのが「主体的・対話的で深い学びの視点からの学習過程の改善」です。

しかし、長年、授業研究を校内研究の中心としてきた小・中学校では、この方法論である「主体的・対話的で深い学び」が研究の中核になりやすいために、肝心の「未来の創り手となるために必要な資質・能力を育む」という視点が抜けてしまう危険性があるのではないでしょうか。

「教えてもらう授業」から「学びとる授業」へ

では、未来の創り手となるために必要な資質・能力を育むためには、授業をどう改善するべきでしょうか。一言で言えば「教えてもらう授業」から「学びとる授業」への改善ということになります。つまり、教師がどのように教えるかといった授業設計ではなく、一人ひとりの子どもたちがどのように学びとれるのかといった授業設計にするわけです。たとえば、問題解決のためのグループワークや発表、討論、作品づくりなどの活動を学習のなかに位置づけていきます。すると、子どもたちはその過程で仲間と協働せざるをえなくなります。また、教えたり発表したりする内容を充実させようとすれば、おのずと知識や技能を獲得するようになっていきます（**図1**）。

しかし、このような活動中心の授業では、ややもすると学習内容や学習方法が曖昧になってしまいます。そこで、教師は学習の振り返りを確実に行わせる必要があります。振り返りは「楽しかった」「むずかしかった」などの授業の感想ではありません。「自分たちは何

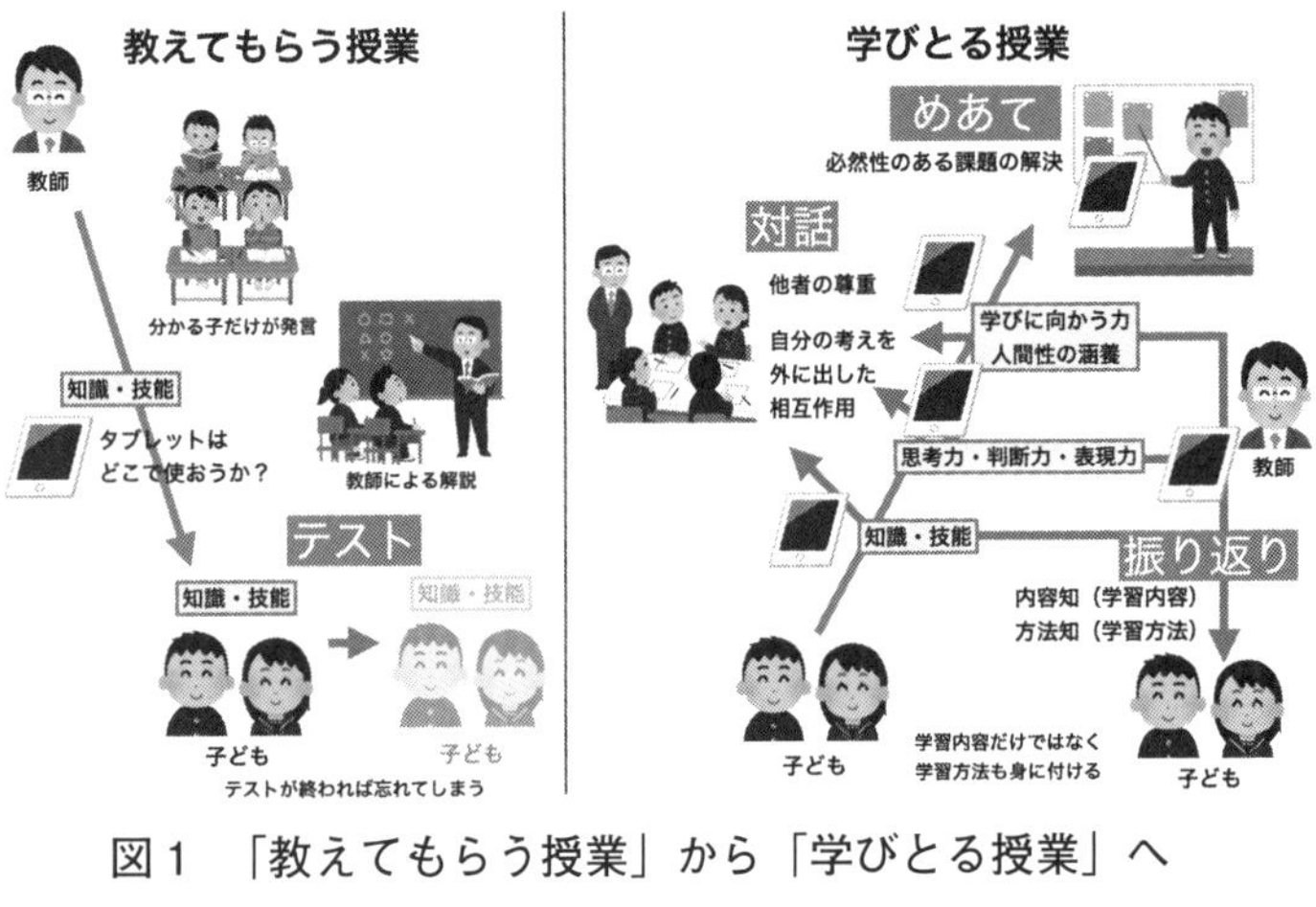

図1　「教えてもらう授業」から「学びとる授業」へ

を学んだのか」といった内容知と、「自分たちの学び方はどうだったのか」といった方法知を省察することです。その活動のなかで自己評価や相互評価を行っていきます。

また、教師は子どもの振り返りをよく読んで形成的に評価していきます。「○○君の～といった発言がよかった」とか「○○さんが私の話をよく聞いてくれた」といった友だちへのプラスの評価を促していけば、学習はさらに促進されていくからです。

従来の「教師がどのように教えるのか」といった授業観を見直さないまま、ＩＣＴだけを取り入れようとすると、教師の発想は「自分の授業のどこにＩＣＴを取り入れようか」ということになり、ＩＣＴを使うことそのものが目的化してしまうことになりかねないのです。

タブレット型端末を活用した授業の具体例

人間が深く思考するためには、自らが問題を発見して課題を設定したり、得られた情報を複数の視点で吟味したり、それを論理的に整理して表現したりする活動が必要になります。そのためには、教師と子どものやりとりや子どもたち同士のやりとりが学習として必要になります。

そこで本稿では、中学校社会科の授業でのタブレット型端末を活用した事例を取り上げながら解説していきます。

(1) 自分なりの問いを立てる

教科書に書かれていることは、あくまでも一つの事実にしかすぎません。この事実の背景を調べて深めるためには、事実をさらに具体的に知る必要があります。

教師が問題を出すのではなく、**図2**のように、子どもたちが問いを立てることによって、その解決に向けて情報を調べることになります。

(2) パフォーマンス課題を知る

学級集団が共通の目的を持つことによって、意欲は高まります。**図3**では、教師が「地域おこしで大切なことは何か」という地域社会を創るうえでの本質に迫る課題を出しています。

図2　自分なりの問いを立てる

図3　パフォーマンス課題を知る

このような課題をパフォーマンス課題といい、子どもはさまざまな知識やスキルを総合して使いこなすことが求められます。

(3) 分担してさまざまな情報を収集する

ここでは、ジグソー学習を採用しています。まず、元のグループ（ホームグループ）の中で「特産品」「きっかけ」「人々」「人口」の４つの役割を子どもが分担します。そして、**図４**のように、課題ごとのグループ（エキスパートグループ）で集まり、インターネットや資料集などからさまざまな情報を集めます。

子どもたちは元のグループに戻って集めた情報を報告しなくてはならないので、責任を持って調べることになります。

(4) 複数の情報を比較・分析する

集めた情報は、それぞれに比較したり分析し

図４　分担してさまざまな情報を収集する

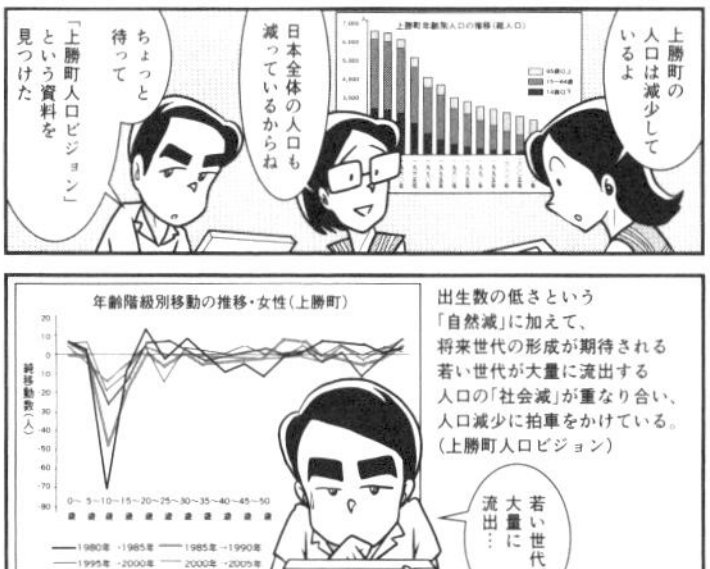

図５　複数の情報を比較・分析する

たりする必要があります。**図5**では、上勝町の人口減少のグラフだけではなく、「年齢階級別移動の推移」というグラフを子どもたちが見つけて、若い世代が大量に流出していることを発見しています。

　こうした複数の情報を比較したり分析したりすることによって、教科書だけでは得られなかった「事実の背景」を知ることができます。

(5)　多面的・多角的に考察する

　集めた情報は、それぞれ異なったものになります。そこで、**図6**のように、元のグループに戻り、自分が得た情報をメンバーに伝え合い、多面的・多角的に考察していきます。

(6)　集めた情報を選択し、判断する

「地域おこしで大切なことは何か」というパフォーマンス課題に対する「自分たちなりの答え」を導くために、**図7**のように、集めた情報を選択し、

図6　多面的・多角的に考察する

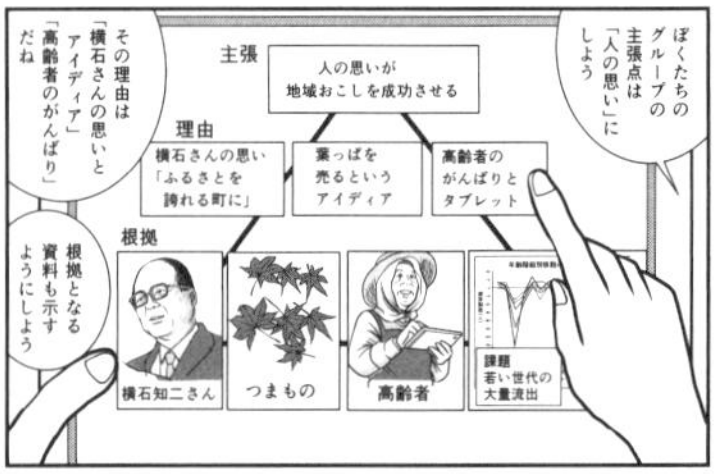

図7　集めた情報を選択し、判断する

判断していきます。

　タブレット型端末の上で情報を並べることによって、「主張」「理由」「根拠」をつなぐための構造を共有することが可能となります。

(7)　思考・判断したことを説明する

「自分たちなりの答え」を、学級全体で共有するためには、集めた情報を根拠にして論理的に説明しなくてはなりません。図8のように、タブレット型端末を使って発表することによって短時間で効果的な説明ができます。

　わざわざスライドを作成しなくても、タブレット型端末の画面上に並べた情報を提示するだけで説明することができるからです。

(8)　説明されたことを基に議論する

　それぞれのグループが説明することで、授業の後半では、図9のように、グループ同士の比較を

図8　思考・判断したことを説明する

図9　説明されたことを基に議論する

行ったり、自分たちの地域との違いを考えたりすることが可能となります。

自分たちの地域と比較することで、教科書の中の「遠くの事実」が自分たちの課題にもなっていることにも気づくことができます。

(9) 学習を振り返り、知識を共有する

学習を振り返り、学習内容だけではなく、「自分たちの学習方法」や社会をよりよくするために尽力した「人々の生き方」などを言語化して自分の知識にしていきます。タブレット型端末を使えば、こうした言語化された知識を電子カードなどで共有できるので、お互いの学びを知ることができます（図10）。

図10　学習を振り返り知識を共有する

学習にＩＣＴを取り入れる最大のメリットは知識の共有です。インターネットで共有された知識をそれぞれが収集し、学習者間でさらに考察して共有します。

本稿ではジグソー学習を例に取り上げましたが、方法は無数にあります。教科の本質や学習の目的によって柔軟に方法を取り入れていくことが必要です。

※図２〜10　前田康裕著『まんがで知る未来への学び３　新たな挑戦』（さくら社）

地域間格差、学校間格差の拡大を避けるために

中川　斉史（1級教育情報化コーディネータ）
（徳島県上板町立高志小学校長）

見えない格差に苦しむ現場

２０２１年度中には、見かけ上、１人１台端末が配備され、各クラスでなんとなく授業で利用しているような雰囲気が感じられ、管理職がちょっぴり安心しているという状況になっているのではないかと思います。２０２０年度末から、端末の不具合や、設定ミス、ネットワークの混雑など、計画どおりとはいえない状況に、混乱した現場も多かったのではないでしょうか。全国でのさまざまな授業実践事例の紹介を聞くたびに、「ウチも、同じようにやってるよ」や「これは、ムリだな」な

どという感想を漏らしつつ、何とか軌道に乗ってくれて安心しているところかと思います。また、逆に充電のトラブルなどいろんな事故が起こったら大変だなという心配もしている頃ではないでしょうか。もうすでにこのあたりが、学校間格差のはじまりではありますが……。

そんななか、他の地域の学校の様子を見聞きしていると、「あれっ、ウチの学校とぜんぜん違うな」とか「そんなことができるの」といった、〝できること〟の格差に気がつきはじめ、研修会等での実践報告と同じことをしようとすると、「ウチではできません」という現実に直面します。

これから先、この状況はますます激しくなり、勤務する学校（教育委員会）によって、大きく異なるGIGA環境に、やるせない思いを持つ教員が増えることにならないか心配になります。これは、ただ単にそのアプリが導入されていないとか、OSが違うとかいうレベルではなく、設計思想の違いという根本的なところに起因するだけに、すぐに対応できることでもありませんし、一教員が声をあげただけではどうすることもできない問題です。

先生方にとって必要な機能は、とりあえずは「共有」できることです。子どもたちが作成したデータ（文字や写真）を、教師もみんなも見ることができることです。

そしてそれがクラウドであれば、場所を問わずそれらのデータが活用できることになります。実は簡単なことですが、これらのことが十分設計されていない学校・地域もあります。このことは、概念の理解であるため、言葉で説明したところで、なかなか進まないこともあります。だから具体的なシーンを交えて、交渉する必要があるのです。ちょうどこの原稿を書いているときに、相談の電話が入ったので、そのやりとりを紹介します。

画面にマークした部分を共有し、それぞれのタブレット画面で見る

悲痛な叫び

ある教師から相談の電話がありました。聞くと、ＧＩＧＡ端末が整備されたので、ぜひ積極的に使っていきたいと思い、自分の授業でこんなコトをしたい、あんなコトをしたいとがんばっている。ところが、どうもうまくいかない。思うように使えず、どんなふうにしたらいいのかを相談したいとのことでした。

一番に私が確認したのは、「学習用のツールは、どんなものが入ってますか？」

ということです。それに対して、「○○だけです」（オフィス系ソフト）という答え。「それでは、なかなかやりたいことをするには大変だよね」と慰めつつ、何とかアドバイスを探ったのですが、正直苦しかったと同時に悲しくなりました。

苦労したかいがあったのか

その地域は、なぜそれだけしか整備できなかったのかと、とても残念な気持ちになりました。今回のＧＩＧＡ整備では、非常に短期間でいろいろなことを決めなければならなかったので、教育委員会の担当者なども情報が少ないなか、苦労したのも確かでしょう。とくに今回のような国の補助事業では、一度地方議会で予算化をしつつ、そのための根拠や成果予測などもふまえる必要があり、苦労は絶えなかったと思います。

しかし、そんな苦労をしたシステムが、そんな理由で、これまた十分稼働していないとなると、目もあてられません。全国的に見ると、今回のＧＩＧＡ整備を非常にうまく行うことができ、現場からもとても喜ばれているという地域も存在します。実はこの設計の差が今後ますます表面化していきます。

結果がすべて

さて、そんな状況を知りつつも、世の中は、プロセスの評価だけではなく、結果の評価をしなければならないこともあります。今回のＧＩＧＡ整備については、やはり結果での評価をしなければ、誰も幸せではありません。

「端末が学校に来ました。でも何ヵ月も放置されたままです。その間もドリル等の費用を保護者負担で集金しているので問題です」

「一斉に端末を使うと、クラスの半分以上の端末が止まりますが、何ヵ月もそのままで授業中の待ち時間にうんざりします」

「不具合があって回収されましたが、もどってくるまで何週間も待たされて、その間、予備機もありませんでした」

「全国の優れた実践を聞いて、自分もそれと同じようにやってみようと思いましたが、導入されているＧＩＧＡ端末はいろんな制限がされており、同じような実践ができないので、とても残念です。今の端末でできることを探すと、カメラで写真をとるか、ワープロで文字を書くことくらいです。グループ同士で、文章を書き合ったり、写真を比べ合ったりして学習するというようなことは、一切できないみたいです」

「持ち帰らせて、授業の続きをしたり、もう少し調べたいことをじっくりやらせたりしたいと思っても、そもそも持ち帰れません」

こういった自治体間格差が、じわじわ出てきています。

1人1アカウント運用が全活動で可能か再確認

これらGIGA設計思想の格差はアカウント発行のところで、さらに加速します。

子どものアカウントがクラウド利用やアプリケーションの認証のためという考えがなかったところでは、各端末で作成されたデータが、無造作に至るところに保存され、子どもたちが学習してきたポートフォリオ

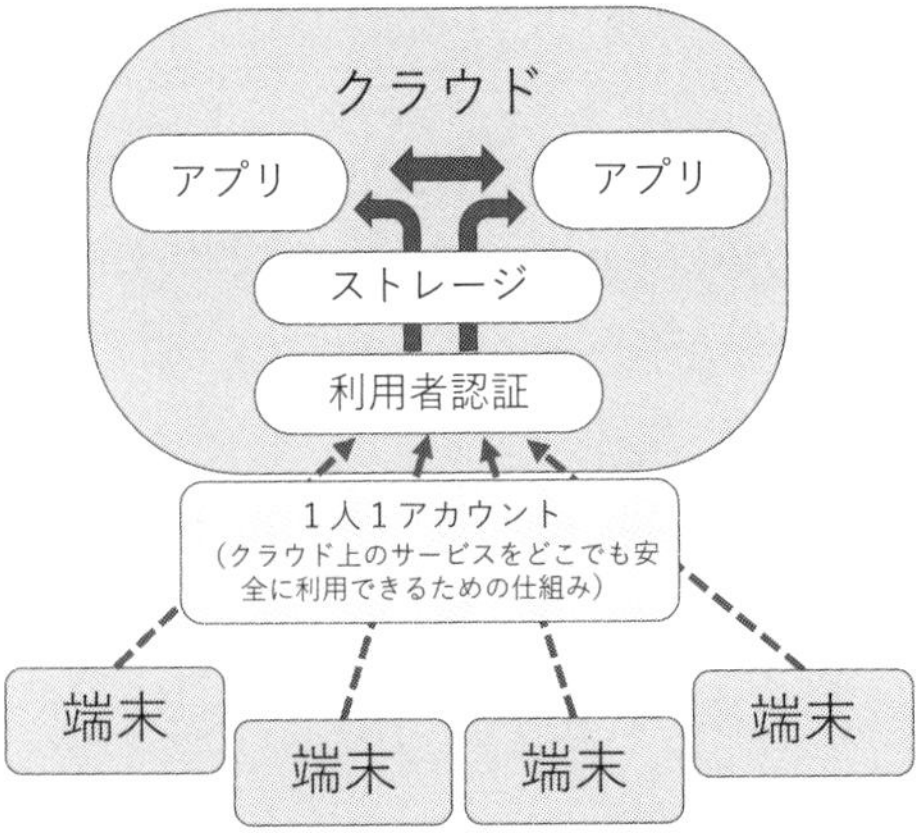

クラウド上の1人1アカウントを持つメリットが、授業展開に直結する

が、活かされぬまま学校で消えていきます。ＧＩＧＡ端末で子どもたちが作成するデータは、これまでとは比較にならないくらい多くなることと、これまでは印刷して作品として残すことが多かったものが、データとして残すということが常識になっていくことが想定されていなかったのです。

つまりは、1人に1台端末があること以上に、1人1アカウントを用意することの重要性まで認識が至らなかった現場や教育委員会があるということにほかなりません。実は1人1アカウントの必要性については、数年前から教育の情報化の分野ではよく議論されていたのですが、そのことをきちんとリサーチし、計画に盛り込むところまでは至らなかった地域も多く、たいへん残念です。

もちろん、見かけ上1人1アカウントは付与されているとは思いますが、クラウド前提で、データの保存形式やその容量、シングルサインオンのベースとなるアカウントサービスであるかどうかなど、後ろに隠れているアカウントサービスまで想定してのことかどうかという点が大事です。

これ以上の格差を止めるために

以上のように、目に見えない格差がかなり広がっている現状をまず理解し、1人

1アカウントでの運用を基本とした学校全体、教育委員会全体での設計の見直しが必要です。おそらく、何らかのアカウント整備ができているでしょうから、その学校で利用する端末やOSで、そのアカウントをうまく利用するためにどうするかを、授業ベースで考えていくところからスタートする必要があります。

また、同一教育委員会内では、小学校から中学校への進学を想定して、それらのアカウントの運用と、データの保存場所や形式、期間などをしっかりと決めること。さらに、中学校から高校への進学の際は、それまでの個人が作成したデータを、どのように移動させ、受け渡すかといった現実問題にも直面します。2021年度末には、この問題がどの中学校でも起こるのは間違いありません。そして、毎年この話が出てくることと、子どもたちのデータ量は年を追うごとに増えてくることを考えると、利用しているクラウドのアカウントを、卒業後に次の学校のアカウントにどのように引き継ぐかということまで想定したアカウント運用にしていくべきです。

シンプルに考えよう

今回述べたことは、もうすでに運用が始まっている学校では、「いまさら遅い」と言われる内容になっているかもしれませんが、今後のことを考えると、まだ修正は可能であると思います。その際、複雑に考えるのではなく、「自分のデータは自分で管理する」という基本原則とともに、クラウド上にそれらを保存し、今後も自分で責任を持って整理するということを子どもたちや教職員に意識させることが重要です。

これまで学校では、さまざまな場面で、学校の責任でものごとを整理・保管してきましたが、もうそういう時代ではなくなってきました。管理・運営のための仕組みは学校（教育委員会）で責任を持って用意する必要はありますが、保存するデータについては、自分で管理できるようになってほしいものです。そういう態度が、ネットワーク社会を生きる子どもたちに求められるスキルでもあるのですから。

GIGAスクール失敗は、予算削減への道

櫻井　直輝（会津大学短期大学部講師）

学校のICT化に向けた予算措置はGIGAスクール構想によって始まったものではありません。第二期教育振興基本計画（2013年6月14日閣議決定）において指針が示され、「教育のIT化に向けた環境整備4か年計画（平成26～29年度）」の策定と、2017年度までの1678億円／年の地方財政措置がなされてきました。[①] 2018年度からは新たに第三期教育振興基本計画のもと、Society5.0や新学習指導要領実施の前提条件となる教育環境整備のための「GIGAスクール構想」が示され、[②]「教育のICT化に向けた環境整備5か年計画」を通じて、1805億円／年の地方財政措置がなされています。

　しかしながら、こうした予算措置にもかかわらず、ＧＩＧＡスクール関連の補正予算が組まれるまで、ＩＣＴ環境整備は低調であったと言わざるを得ません。文科省の調査[③]によれば、ＧＩＧＡスクール構想以前に校内通信ネットワーク環境を整備していた学校は公立小学校、中学校、義務教育学校および高等学校、中等教育学校、特別支援学校３万２２２８校のうち、１９３４校（約6・0％）でした。ところが、「ＧＩＧＡスクール構想の実現」に対して総額４８１９億円（令和元年度補正予算、令和２年度第１次及び第３次補正予算の合計）の大規模な予算措置がなされたことにより状況は一変しました。２０２３年度までの達成を目標としていた１人１台端末の整備を、２０２０年度中にほぼすべての自治体が実現し[④]、校内ネットワーク環境についても２０２１年４月末までに97・９％の小・中・義務・高・中等教育・特別支援学校で供用開始となる見込みとなっています[⑤]（２０２１年３月19日時点）。

　今後はＧＩＧＡスクール構想の拡充が目指されることとなりますが、これまでの道程にかんがみると懸念すべき点があります。そこで以下では、国および地方教育予算の観点から今後懸念される事態について検討していきます。

国レベルの教育予算

ＩＣＴ教育環境整備は、「公立学校情報通信ネットワーク環境施設整備費補助金」（構内通信ネットワーク整備）[6]と「公立学校情報機器整備費補助金」（1人1台端末整備）の強力なバックアップを通じて一気呵成に進められたわけですが、すべての事業が順調に進んでいるわけではありません。たとえばＧＩＧＡスクールサポーター配置促進事業については、補正予算の執行率が芳しくないという点が２０２０年度「秋の行政事業レビュー」で指摘されています。[7]予算執行率の低迷は、次年度の予算要求にネガティブな影響をもたらします。行政事業レビューでは施策の重要性は認められながらも、「予算規模の適正化や事業の有効性、効率性」の点から、ＧＩＧＡスクールサポーターの配置促進事業の予算執行率が36％と低調であることを理由に、２０２１年度概算要求（53億円）の見立てに疑義

表　令和３年度GIGAスクール構想関連事業予算

事業名	概算要求	予算案	差　額
GIGAスクールサポーター配置促進	53億円	10億円	▲43億円
GIGAスクールにおける学びの充実	4億円	4億円	±0円
オンライン学習システムの全国展開、教育データ利活用推進	36億円	7億円	▲29億円

出所：文部科学省令和３年度概算要求（９月）及び予算案（１月）より抜粋

が示されました。

では、実際の予算はどのようになったのでしょうか。**表**は、ＧＩＧＡスクール関連の２０２１年度概算要求の一覧と財務省査定を経た予算案との比較です。「秋のレビュー」で指摘を受けたＧＩＧＡスクールサポーター配置促進事業は▲43億となっており、大幅減となりました。[8] 近年のＥＢＰＭを重視した政策動向を念頭におくと、予算執行率の低迷やエビデンスのない事業が予算化される公算は高くありません。また、こうした自治体を支援するための予算が削減されるということは、地方レベルの教育予算削減にもつながっていきます。

地方教育予算

地方レベルでは「教育のＩＣＴ化に向けた環境整備5か年計画」を通じた「地方財政措置」が主要な財源となります。地方財政措置とは、地方債制度と地方交付税制度を通じた財源保障のことです。地方交付税制度とは、地方自治体が標準的な行政サービスに必要な費用（基準財政需要額）と、その自治体の標準的な税収見込額に基準税率を乗じた額（基準財政収入額）の差額（＝財源不足額）を、国から地方に対して交付する仕組みです。この交付金は、自治体の一般財源に組み込まれ、予算編成を通じて各行政分野に配分されます。地方交付税は地方固有の財源であり、それをどのように使うかは自治体の選択に任されています。

また、地方交付税は財源不足額を調整する仕組みであって、ＩＣＴ教育環境整備に必要な費用が実際に配分されるわけではありません（この点が補助金と異なります）。したがって、地方財政措置されていたとしても自治体側にＩＣＴ教育環境を整備する気がなければ（あるいは整備できない事情があれば）予算化されることはありません。当該費用が配分されるか否か、またそれが十分な水準となるか否かは、教育委員会が必要な額を獲得できるか否かにかかっています[⑨]。

では、教育委員会が要望すればただちに予算化されるかと言えばそうではありません。予算編成過程では財務当局による事業査定が入ることが一般的であり、予算獲得には当局が必要と認め得るだけの具体的な根拠や成果提示が必要となります。しかしながら、査定の場において予算の必要性を客観的な数値や明確な根拠を持って説明することはむずかしく、結果は厳しいものとなりがちです。地方財政措置が予算化の根拠になり得ないことについて、財務担当者や教育委員会担当者は現在の厳しい財政状況や算定額が不十分であることを理由にあげたうえで、「国からの補助金は予算をつける有力な理由となる」と指摘しています。けれども、前項で述べたように補助金の見通しは必ずしも明るくはありません。

予算の執行とICT教育環境の活用を

このように国・地方レベルを通じて予算獲得のためには、何らかの成果を提示することが不可避となっています。とくに国レベルでは「政策効果の測定に重要な関連を持つ情報や統計等のデータを活用[10]」することが求められており、ＧＩＧＡスクール予算を継続的に獲得していくためにもエビデンスの提示が不可欠となります。（経緯はともかく）ＧＩＧＡスクール構想に関してはすでに大規模な予算措置がなされており、政策効果に対する国民の関心（というよりも財務当局の関心かもしれませんが）は高く、文部科学省には説明責任が求められています。

では、どのような成果、どのようなエビデンスが求められるのでしょうか。文部科学省はＧＩＧＡスクール構想について内閣府経済・財政一体改革推進委員会のＥＢＰＭアドバイザリーボードに対して、49頁の**図**のようなロジックモデルを提示しています。[11] このモデルによれば、ＧＩＧＡスクール構想を進めていくことで想定されるアウトカムとして、各自治体・学校におけるＩＣＴ環境整備率の向上、児童・生徒や教員のＩＣＴ活用スキルの向上、そして「ＰＩＳＡ調査等の各種調査における水準の維持・向上」があげられています[12]。これは、ＰＩＳＡ調査において「ＩＣＴへのなじみ」がテストスコアに影響しており、学校教育においてＩＣＴ機器が積極的に活用され、児童・生徒がＩＣＴ機器に習熟すれば、テストスコアは改善するという因果関係を想定したものです。その真偽や是非はともかく、このモデルに従えばＧＩＧＡスクール構想を通じた教育環境のＩＣＴ化が背負うミッションは、ＰＩＳＡ調査のスコアの改善のような、目に見える教育成果を達成することになります。

最後に、教育関係者に何が求められているかを整理しておきたいと思います。まず、予算を着実に執行することが求められます。予算が消化できなければ、次年度予算が削減されることになります。学校レベルでは、教室（学校）においてＩＣＴを活用した実践を積み上げることが重要です。新しいツールを忌避するのではなく、「どうすれば自校で有効活用できるのか」「子どもにとって最適なＩＣＴ教育環境とは何か」といったことを管理職・教職員が積極的に議論し合い、教員が各々《おのおの》の教育実践を問い直し、子どもに最適な形で提供していくことが必要となります。自校の課題を明らかにしたうえで、補助金事業等の積極的な活用を検討してもよいでしょう。

教育行政レベルでは、学校が積み上げた実践を教育研究者等と協働して検証していくこと、検証結果の限界やデータの制約を自覚しつつ、それに基づいて説明責

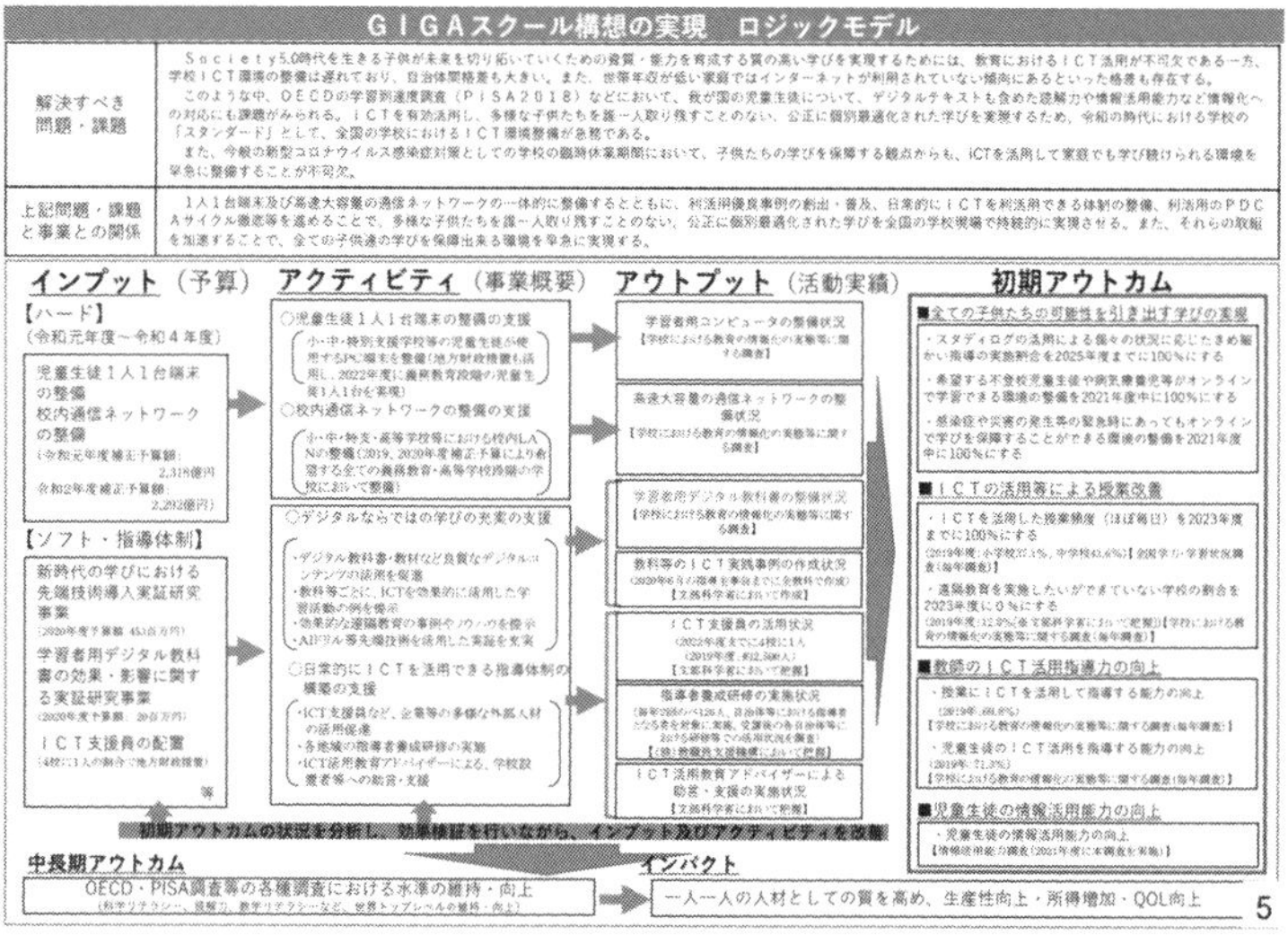

図　GIGA スクール構想の実現ロジックモデル（文部科学省 2020）

任・応答責任を果たしていくことが目下の課題となるでしょう。すべての教育関係者が、他人事とせずにＧＩＧＡスクール構想の実現に向けて取り組むことが求められています。

〈注〉

①これ以外にも校内ＬＡＮの整備等に利用できる補助金事業として、文科省所管の「学校施設環境改善交付金」（旧・安全・安心な学校づくり交付金）や総務省所管の「地域イントラネット基盤施設整備事業」（２００９年度で廃止）などがある。また、関連する事業として総務省の「教育現場の課題解決に向けたローカル５Ｇの活用モデル構築事業」、経産省の「未来の教室」実証事業や「EdTech導入

【附記】本稿はＪＳＰＳ科研費18K13076の成果の一部です。

補助金」といった民間セクターが公立学校教育に参入するための呼び水となるような補助金も存在する。
②堀田龍也（2020）「超スマート社会に向けた我が国の初等中等教育の課題と学会活動への期待」『教育情報研究』35(3)、日本教育情報学会、3～14頁。
③文部科学省「GIGAスクール構想の最新の状況について」第5回教育データの利活用に関する有識者会議、2021年3月19日。
④43自治体は入札不調、納期の遅延等の理由により2020年度中の整備が困難となっていたが、2021年度中に完了する見込みであることが明らかとなっている。
⑤ただし通信回線の質については明らかにされていない。
⑥2019年度分については半額の国庫補助に加えて残りの60％についても後年度に交付税措置されることとなっている。
⑦内閣官房行政改革推進本部事務局説明資料「教育現場のオンライン化の推進」2020年11月15日。
⑧オンライン学習システムの全国展開、教育データ利活用推進についても時期尚早と指摘されている。
⑨学校における教育の情報化の実態等に関する調査を見ると、ICT教育環境を示す指標の多くで自治体間格差が大きくなっている。
⑩内閣府Webサイト「内閣府におけるEBPMへの取組」。
⑪文部科学省「GIGAスクール構想の推進」第2回EBPMアドバイザリーボード2020年11月25日第2回会議資料。
⑫ただし、内閣府からは「初期アウトカムとされているものは、すべてアウトプット」であるという評価がなされている（内閣官房行政改革推進本部事務局）。

2章

学校全体のICT化を進める

まずは「やってみる」こと
――「GIGAスクール構想」の実践を通して日本の学校文化の変革を探る

駒崎　彰一（東京都渋谷区立原宿外苑中学校長）

政府の第5期科学技術基本計画において、「狩猟社会・農耕社会・工業社会・情報社会」に続く第5の社会像として「Society5.0」が提言されています。人工知能（AI）、ビッグデータ、ロボティクス、IoT（Internet of Things）等の先端技術が高度化し、あらゆる産業や社会生活に取り入れられ、社会のあり方そのものが劇的に変わる社会。具体的には、日常生活のあらゆる場面で先端技術を用いることが当たり前となり、デジタル化がさまざまな社会課題を解決し、誰もが活躍できる社会を目指すというものです。実空間とサイバー空間が融合した多様なサービスが生み出され、経済の仕組みもモノ中心の「資本集約型」から新しい知識やサービスが中心の「知識集約型」に変革がもたらされるといわれています。

大きな社会の変化にあわせて「学び」にも変革の必要性が迫られています。とくに学校教育は、数十年前の教育活動が当たり前のようにくり返され、「変わらない」現状があります。世界では教育分野にも先端技術が導入され、「学びの変革」の動きが加速化しています。「学びの変革」を進める世界各国と日本の教育を比較すると、20年近い遅れがあるのではないかと思われます（２０２０年の臨時休業時のオンライン授業の取り組み状況で世界各国との差が顕著化しました）。

日本の学校教育に「変革」を起こすことができるのか

このような現状のなかで日本の学校教育に「変革」をもたらす手段が「ＧＩＧＡスクール構想」であると捉えることができます。そして、その目的は教育の「変革」であり、Society5.0の時代において求められる資質・能力を育成することであることは言うまでもありません。そのことは、「ＧＩＧＡスクール構想」の「ＧＩＧＡ」が、回線速度の「Gigabyte」ではなく、「Global and Innovation Gateway for All」の頭文字であることが物語っています。

〝1人1台〟の学習者用端末を活用して、どのような学びをデザインするのか。それは単なる教科学習における活用だけにとどまらず、ICTを含むさまざまなツール（先端技術）を駆使して、教科の学びをつなぎ、社会課題の解決に活かすことが重要となってきています。

いわゆる「STEAM教育」（Science、Technology、Engineering、Art、Mathematics等の各教科での学習を実社会での課題解決に活かしていくための教科横断的な教育）が必要となってくると言われています。学び（探究）のプロセスにおけるさまざまな場面においてICT（先端技術）を主体的かつ効果的に活用することができ、さらに多様な他者と協調して課題解決につながる授業デザイン。つまり「主体的・対話的で深い学び」の視点に加え、「ICT活用」の視点からも授業を「変革」していくことにより、Society5.0の時代において求められる資質・能力を育成することができると考えられます。

このような「変革」により「新しい学び」を創造していくことは、教師にとって、これまで経験したことのない未知の領域の課題であり、その解決過程で新たな課題が数多く出現することが予想されます。失敗を恐れ「変革」を躊躇している状況では、この課題を乗り越えることは絶対にできません。これらの課題を乗り越えるためには、まずはやってみる「実行力」が重要です。子どもたちのためになると考えられることは、スグにとことんやる。そして、最後までやり切る「突破力」も重要です。

「変革」を引き起こすには、この「実行力」そして「突破力」が重要であると言われています。この「実行力」や「突破力」を引き出すための具体策として、以下の手法が考えられます。

「変革」を引き起こす「実行力」と「突破力」の具体策

(1)「変える」を「やってみる」

学校のなかで「当たり前」とされているものを一つひとつ根本から見直し、時代に合わないモノは躊躇なく「変える」ということをスグに「やってみる」。

「変える」ということを実際やってみようとすると……とても勇気が必要であると気づかされると思います。変えなくとも学校生活は平穏に過ぎていくのに……。

しかし、あえて変化を与えることで、教職員、児童・生徒、保護者、地域がともに教育について深く考え、協働する契機となります。あえて変化を与えることが、教職員、児童・生徒、保護者、地域をチームとして結束させ、それがチームの協働につながり、試行錯誤して課題解決を進めるプロセスによって、Society5.0の時代において求められる資質・能力の育成につながるはずです。

この「やってみる」を成功に導くポイントは、「目的」と「手段」を教職員だけではなく児童・生徒、保護者、地域に至るまでチームとして「共有する」ことが重要であると考えています。「いま、学校が何を目指し、何をどのように実行しようとしているのか」を共有し、それぞれが行動することで、さまざまな視点から多様な課題が明確になります。また、目的の達成に向けて、その課題に対する解決法が数多く生まれてくるメリットがあります。

つまり、目的と手段の共有ができていれば、「失敗」による課題のブラッシュアップが可能となり、課題の解決に向けて確実に前進させることができます。このことにより「失敗」を恐れる必要はなくなり、「失敗」は大きなチャンスとなるはずです。

(2) チームとして「失敗」を共有する

「失敗」をチャンスに変えるためには、「失敗」を前提として（恐れることなく）チーム全体で「失敗」を共有することが重要です。そして、その原因をチームで議論し、課題解決に向けた試行錯誤を躊躇せず実行することで、前進するサイクルがつくり出されます。

絶えず目的達成に向けて「やってみる」こと、そして「失敗」を共有すること、課題解決に向けて試行錯誤を繰り返すことが定着すると、「変える」ということ、「失敗する」ということが日常となり、さらにこれによって「よりよくなった」という成果を実感すると、「失敗」がプラスのスパイラルに変わっていくことを体感することができるはずです。

(3)　あきらめず目的達成までやり続ける

失敗をプラスのスパイラルとするためにポイントとなるのが、「試行錯誤」をくり返すことです。チームが目的を明確に捉え、さまざまな手段を試みる。途中であきらめることなく、目的達成まで粘り強く、情熱をもってチャレンジングに「試行錯誤」を続けることが必要です。

直感で行動する「勇気」

「できるか、できないか」を会議室の机上で考え、できない理由を探し尽くし、理論的に「無理だ」と結論づけて……挑戦せずに、できることしかやらない日本の学校文化（このような日本型学校が多いのではないでしょうか）。日本の学校教育が世界のなかで遅れをとっている要因の一つであると感じています。

成功するか、失敗するかよりも、目的達成に向けて「これはやるべきだ」「やる必要がある」「やりたい」と現場が直感で行動する「勇気」が必要です。

つまり、会議室の机上での判断ではなく、さらに、管理職の指示でもなく、目的達成に向けて、目の前の子どもたちの状況を捉えながら、現場の最前線の判断でさまざまな手段によりスピード感をもってチャレンジしていく、そしてチームでの協働による試行錯誤をくり返していく環境づくりが必要です。この環境を構築するためには、チャレンジングな部下の失敗に責任をとる管理職の覚悟が必要です。責任をとらない管理職のもとでは、新たな挑戦は生まれません。

学校として「やる」のか「やらない」のか
チャレンジングに「やる」学校のほうが
間違いなくおもしろい

「GIGAスクール構想」は、日本の学校文化の「変革」を引き起こす可能性があります。

若手とベテランが学び合う場へ

佐和　伸明（千葉県柏市立手賀東小学校長）

GIGAスクール構想は不可欠な流行の教育

どんなに社会が変化しようとも、「時代を超えて変わらない価値のあるもの（不易）」があります。豊かな人間性、他人を思いやる心、自然を愛する心などを培うことは、いつの時代の教育においても大切にしなければならないものでしょう。一方で、教育は子どもたちが活躍する将来を見通して行われるべきものであり、「時代の変化とともに変えていく必要があるもの（流行）」に柔軟に対応していくことも、教育に課せられた課題です。

全国的に1人1台端末環境が整った2021年度は、GIGAスクール元年と言えます。端末は、鉛筆やノートと同じように文房具の一つにたとえられることがありますが、インターネットに接続され、カメラ撮影や共同編集などさまざまな活用方法がある端末は、これまでの文房具の位置づけを、はるかに超えているものだと思います。

GIGAスクール構想で、明治以来約150年続いた教育のあり方が大きく変わります。1人1台端末による教育のバージョンアップという流行に乗れず、例年通りとか、これまでと同じやり方に固執している管理職やベテランが多い学校は、やがて取り残されることになるでしょう。

1人1台端末でめざす教育を共有する

これまでの学校は、経験のあるベテランが若手に教えるという姿が一般的でした。もちろん、今後もそのような場面は教育活動全体に期待されます。しかし、GIGAスクール構想による1人1台端末の効果的な活用方法に関しては、ベテランも若手も同じスタートラインに立っています。そう考えると、「教える・教わる」という関係ではなく、共に学び合う関係づくりが重要になります。

ＧＩＧＡスクール構想による大きな変革においては、改めて1人1台端末環境でどんな教育をめざしていくのか、全体で話し合い、方向性を決めていくことが大切となります。

本校の例を紹介すると、教職員での話し合いにより、次項の図のように方向性を共有しました。基本的な考え方として、

- 教師主導の学びから学習者主体の学び（答えを教わる授業→答えを探す学習→創造性を育む学び）への変革を加速させること
- 毎日、端末を家庭に持ち帰らせることで、シームレスな学びを創り出すこと
- 一斉（全体）での学びから、協働あるいは個別最適な学びの場面をさらに増やすこと

としました。

研修にオンラインを使う

校内研修についても、これまでは指導経験が豊富なベテランが軸になって進められていました。しかし、先に述べたように、1人1台端末を活用した学習に関しては、ベテランであっても、知識や指導経験がある教師は、ほとんどいません。

方向性の共有

柏市立手賀東小学校	佐和

GIGAスクール構想の実現に向けて

〈基本的な考え方〉
○教師主導の学び⇒学習者主体の学び（答えを教わる授業⇒答えを探す学習⇒創造性を育む学び）
○学校だけで終わる学び⇒シームレスな学び（端末は家庭に毎日持ち帰る）
○一斉（全体）での学び⇒協働あるいは個別最適な学び

協働的な学び
○オンラインによる遠隔学習の実施
・外部人材とつながり、専門的な知識にふれることで、学習活動の幅を広げる
1　対面とオンラインを融合させた遠隔学習
2　専門家と教室をオンラインで接続し、専門的な知見にふれる遠隔学習
3　学校間交流により学びを深める遠隔学習

創造性を育む学び
○各教科等で情報活用能力を育む学習活動の創造
・「小学校版情報活用能力ベーシック」に基づいて授業を設計

個別最適な学び
○学習者用デジタル教科書の利活用
・主に思考力、表現力、判断力を育む場面で活用
・学テ分析でつまずいている単元や内容に活用（R-PDCA サイクル）
○デジタルドリルの利活用
・主に知識、技能を身につける目的で活用
〈算数デジタルドリル〉 6月～
・子供が端末で答え合わせ
・教師が進捗状況や成績を把握
〈国語デジタルドリル〉
・筆順アニメーションを見て進める

情報モラル教育
○学習や生活に適切に活用する態度を育む　・家庭での利用に関する項目の追加

プログラミング教育
○論理的思考力の育成　・全体計画及び内容の見直し

家庭における主体的な学び
○主体的に学ぶ力（習慣）を育むテーマの設定　・共同編集の促進・ドリル学習の推進

文字入力スキルの育成
○端末を活用するために絶対に必要な技能（基盤）
・文字入力練習サイトの活用　・学校独自の到達目標の設定（検定の実施）

図　GIGA スクール構想実現に向けた取り組みの方向性

一方、若手のなかには、端末操作のスキルを持っている教師もいますが、研修の方向性をリードするには経験不足が心配されます。そのような集団だけで話し合っても、ＧＩＧＡスクール構想の実現に向けたプランを立てていくことはむずかしいのではないでしょうか。

　そこで、オンラインを使った研修の導入が考えられます。コロナ禍においては、外部講師に来校してもらうことはむずかしくなっている反面、オンラインでの講演会や研修会は頻繁に行われるようになりました。また、オンラインなら、移動の時間や交通費がかからないので、遠隔にいる講師も招聘しやすくなります。学校に居ながらにして、全国規模の研修会に参加したり、外部講師から指導を受ける機会を増やしたりすることができるのです。校内研修に、このようなオンライン研修会の参加を位置づけることで、若手もベテランも最新の情報や知識を得ることができます。

　それでも、自校で導入している「デジタルドリルについて」など、具体的な操作方法や実技を伴う研修等については、学校に来校してもらうことが望ましいものもあ

校内研修会を他校に配信

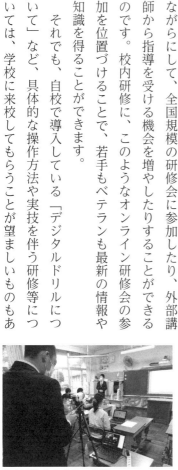

ります。その際、学校ごとで研修している様子を他校にオンラインで配信することもできます。このように、研修を校内だけにとどまらせず、校外とつながることを意識することで、ベテランも若手も知識や技能を身につけ、高めることができるようになります。

これからの課題を話し合う

ＧＩＧＡスクール構想を進めていくなかで、子どもの実態や取り組みの方向性に関するさまざまな課題が生じてきます。新しい取り組みのため、ベテランの指導経験や他校の先行事例があまり頼りにならないのであれば、ベテランと若手が一緒になって解決方法を考え、試していくしかありません。これこそが、「若手とベテランが学び合う場」としての学校の姿でしょう。

たとえば、子どもの実態では、文字入力のスキルの課題があります。学校でも家庭でも端末が使えるようになったことにより、「共同作業（編集）」が増えてきました。それぞれの意見を同時に書き込んだり、コメントを打って話し合ったりする活動が多くなったのです。

このような活動をするうえで、学習の支障になるのは文字入力の速度です。書きたいことがあっても、入力するのに手間取っていては、思いを伝えることができなくなってしまいます。この課題を解決するために、どの時間を使い、どんなソフトで、どのような指導をすることで、子どもたちのタイピング力を向上できるか、話し合うことが必要でしょう。

もう一つ例を出すと、家庭に持ち帰らせた端末で、子どもたちに何をさせたらよいかという課題もあります。以前から、宿題の内容や時間については、担任によって差があることを保護者から指摘されるケースがありました。端末を持ち帰ることにより、デジタル教科書やデジタルドリルによる学習、課題解決に向けたインターネット検索、友だちと家庭でもつながって行う共同編集など、さまざまな家庭学習の内容が考えられるようになります。端末の持ち帰り運用は本来のＧＩＧＡスクール構想のあるべき姿であるという認識を校内で共有し、学校全体として体系的・継続的な家庭学習のあり方を検討する必要があるでしょう。

これまで述べてきたように、ＧＩＧＡスクール構想により教育のバージョンアップを図るためには、目指すべき方向性とその課題を若手とベテランが共有し、それぞれアイデアを出し合い、学校体制で推進していく学校づくりが求められています。

学校全体の「デジタル化」のイメージ

平井　聡一郎
（株式会社情報通信総合研究所特別研究員）

社会全体のＤＸが加速するなか、教育界もＧＩＧＡスクール構想により、まさに学校ＤＸと言える状況になりつつあります。しかし、これまでの学校では、ＩＣＴ機器は、コンピュータ室の中だけの特殊な環境に置かれ、その活用は一部の教員に限られたものでありました。だから、一般的な学校ではほとんどの教員にとって、ＩＣＴ機器の活用は非日常の存在であり、それらを使った授業はイメージすらできなかったのです。このような状況のなかで、いきなり1人1台の端末が整備されたのだから、普通の教員にとってＩＣＴは不安感や抵抗感をもたらす存在だったと考えられます。

そこで、そんな教員がＩＣＴ活用に取り組むためにはどうしたらよいか考えてみましょう。まず、その切り口となるのが、ＩＣＴ機器やデジタル化された情報の日常的な利活用です。つまり、ＩＣＴ機器を日常的に活用することで、その利便性を実感でき、さらにＩＣＴ機器に対する不安、抵抗感を減少させることができます。そして「使えそう、便利！」という実感は、「使ってみよう、やってみよう」という意欲につながっていきます。そんな教員がだんだん増えていくことで、組織全体での利活用が推進され、学校全体が「デジタル化」されることが期待されます。これが「学校ＤＸ」であり、教員ばかりでなく、児童・生徒や保護者のＩＣＴ機器の利活用も日常的になり、併せて授業でのＩＣＴ機器の利活用も自然と促進されていきます。

学校全体のデジタル化を支える環境づくり

では、学校全体の「デジタル化」とはどのような状態かを考えていきます。まず、「デジタル化」とは、校内のさまざまなアナログデータがコンピュータで処理できる、デジタルデータに置き換わるということです。それは、オンラインとクラウド環境の整備により、すべてのデータが「つながる」ことになり、いつでもどこでもすべての学校関係者がデジタル化されたデータにアクセスできるということです。そして、それらが実現した学校は、必然的にペーパーレス環境となっていくでしょう。

さて、ここで学校全体のデジタル化に必要な環境構築を考えてみます。まず、クラウドを基盤としたネットワークは、学校における通信インフラと言えます。そのため、それぞれの自治体は、ＩＣＴ活用を通した教育プランのイメージという全体設計をすることが前提条件となります。埼玉県鴻巣市では「教育ＩＣＴ環境整備により実現する鴻巣市の教育現場のイメージ」を策定しており、それに基づいた「教育ＩＣＴ環境整備後のイメージ」をつくりました。この手法は多くの自治体にとって、参考になるでしょう（図）。

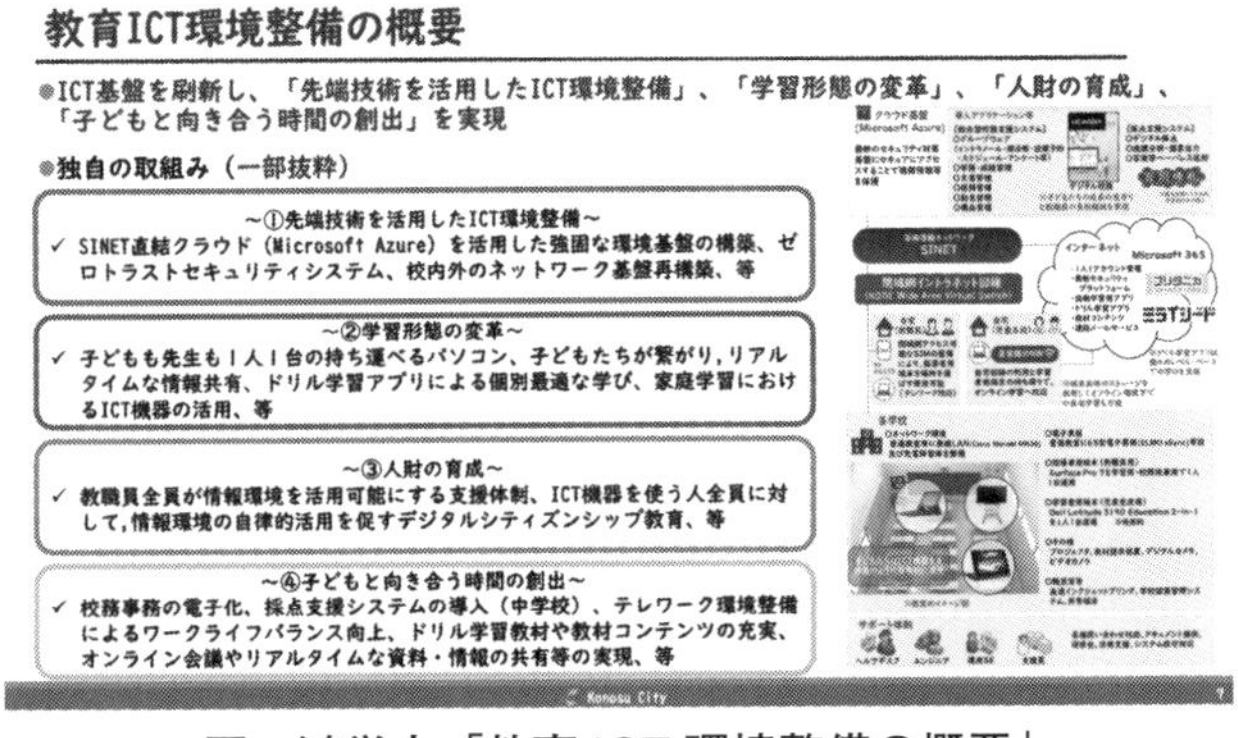
教育ICT環境整備の概要
●ICT基盤を刷新し、「先端技術を活用したICT環境整備」、「学習形態の変革」、「人財の育成」、「子どもと向き合う時間の創出」を実現
●独自の取組み（一部抜粋）
～①先端技術を活用したICT環境整備～
✓ SINET直結クラウド（Microsoft Azure）を活用した強固な環境基盤の構築、ゼロトラストセキュリティシステム、校内外のネットワーク基盤再構築、等
～②学習形態の変革～
✓ 子どもも先生も１人１台の持ち運べるパソコン、子どもたちが繋がり，リアルタイムな情報共有、ドリル学習アプリによる個別最適な学び、家庭学習におけるICT機器の活用、等
～③人財の育成～
✓ 教職員全員が情報環境を活用可能にする支援体制、ICT機器を使う人全員に対して，情報環境の自律的活用を促すデジタルシティズンシップ教育、等
～④子どもと向き合う時間の創出～
✓ 校務事務の電子化、採点支援システムの導入（中学校）、テレワーク環境整備によるワークライフバランス向上、ドリル学習教材や教材コンテンツの充実、オンライン会議やリアルタイムな資料・情報の共有等の実現、等
SINET
Microsoft 365

図　鴻巣市「教育 ICT 環境整備の概要」

①セキュアなフルクラウド環境の構築

まず、クラウドによるネットワーク構築ですが、ここでは閉域ネットワーク等のセキュア（安全）な環境構築が不可欠となり、それには専門的な知識と経験を持つ専門家のアドバイスが必要となります。しかしその際には、そもそもどんな教育活動を目指すのかのイメージ、つまり明確な教育ビジョンを自治体が持つことが求められます。ネットワーク構築の専門家は、そのビジョンをもとに、その教育活動を実現するために必要なネットワークを構築することになるのです。

②教員、保護者、児童・生徒が一人ひとりＩＤを持つこと

次に、ここで構築されたネットワークでは、ログインするための個人認証が必須となります。そこで、教員や児童・生徒一人ひとりにＩＤとパスワードを設定し、それを付与することになりますが、できれば保護者用のＩＤも設定することが望ましいでしょう。保護者からメールアドレスを収集するのではなく、学校側で管理できるＩＤを付与するということになります。このような環境により、学校と保護者、児童・生徒が、クラウドによるネットワークを通してつながる環境が構築できたと言えます。

③クラウドプラットフォームの構築

次に必要なのが、クラウドプラットフォームの構築です。現状はクラウド上に校務系と学習系のアプリが混在する状況となっています。つまり、ＯＳごとに用意されたプラットフォームや、教育用に開発されたプラットフォーム、さらに校務支援系アプリや学習支援系のアプリが混在している環境と言えます。今後、これらを統合して組み合わせたクラウドプラットフォームの環境構築が必要となっていきますし、その開発も進められています。

現状としては、既存のプラットフォームを活かしつつ、次世代のプラットフォームの検討を進めることが求められます。また、同時に校務支援系のアプリのクラウド利用を進めるため、各自治体が定めたセキュリティポリシーのクラウド利用を前提としたものに改訂することが必要となるでしょう。現時点でも、一部の自治体ではクラウド利用の制限により、ＩＣＴ機器の利活用が過度に制限され、学校での活用推進の阻害要因となっています。しかし、このような状況に対し、文部科学省も改善を求める通知を出していますので、改善が進むことが期待されます。

「教育情報セキュリティポリシーガイドライン」（文部科学省　令和３年５月31日改訂）https://www.mext.go.jp/content/20210528-mxt_jogai02-000011648_001.pdf

④クラウド環境利用者全体の情報リテラシーの育成

各学校における端末整備が進み、インターネットでの情報収集の機会が増えていくと、児童・生徒の不適切なサイトへのアクセスを防止するため、フィルタリングの必要性が高まっていきます。しかし、各地の状況を見ると、過度にアクセスが制限されることにより自由な学びが阻害されるケースが目立ちます。自分の住む自治体のＷｅｂページが見られないといった笑えない状況も見られています。

活用が活発な自治体の様子を見ると、こういった規制を最低限にとどめ、先生や児童・生徒に自由に使わせているケースを目にします。そのような自治体、学校では、ルールで縛りつけるのではなく、デジタル・シティズンシップに代表される情報リテラシーにより、自分で判断し行動できる児童・生徒の育成を目指す教育がなされています。もちろん、トラブルが皆無というわけではありませんが、そのような場合、指導の機会と捉えそのつど対応されているようです。端末導入当初は、子どもたちは目新しい機器に浮かれることもあるでしょう。そこを制限することで抑えつけるのではなく、考える機会と捉えることこそ教育ではないかと考えてはどうでしょうか。そして、この機会に教員や保護者も、児童・生徒と共にデジタル・シティズンシップを学んでいきたいと思います。

デジタル化でつながる学校

①児童・生徒がつながる

クラウドプラットフォームにはポータルサイトとして、児童・生徒が情報のやりとりをする機能があります。ここで児童・生徒に時間と場所という活用制限を外すと、特別活動での活用が進んでくる傾向が見られます。

＊

（自由なクラウド活用が進んでいる小学校の宿泊学習前の様子）

宿泊学習の準備をChromebookでやろうとしています。

先生：「班のメンバー表、だれかスプレッドシートに入力して！」

児童：「あ、やっときましたよ」

先生：「へ？　いつ？」

児童：「昨日のうちに。家で」

先生：「それ、大人の世界じゃ残業って言うんだよ（笑）でもありがとう」

先生：「使えそうな資料、今度アップしとくからね！」

児童：「あ、宿泊施設のホームページはもうクラスルームにリンク貼っときました」

児童：「Aくんが、資料のPDFもさっきアップしてましたよー」
先生：「さっき黒板に書いてた内容、誰か記録写真撮ってる？」
児童：「もうGoogleドライブに入ってましたよー。誰かが入れたんだと思う」
先生：「ありがとう」

＊

こんな会話が日常的な学級活動のなかで聞かれるようになると、学校のデジタル化は本物と言えるでしょう。そして、このような活動は端末をいつでも自由に使え、毎日持ち帰ることで可能になります。逆に言えば、端末を授業中に使うだけという学校では、とうてい実現できない活動とも言えます。

②教員と児童・生徒がつながる

教員と児童・生徒によるデータ共有の第一歩として、行事予定、つまりカレンダーの共有が考えられます。個人の端末のカレンダーには、担任が入力したクラスの予定と自分の予定が共有され、さらに部活などの予定も共有することができます。カレンダーを共有にすることにより、スケジュール管理を通して児童・生徒が「自ら考え、自ら判断し行動する」体験をすることができ、主体性を育てることが期待されるでしょう。

③教員と保護者がつながる

保護者が教員に電話連絡する用件は、おそらく欠席の連絡が一番多いと考えられます。朝の職員室では、電話を受けた職員から担任への連絡という煩雑な事務作業が生じ、多忙化の一因ともなっています。また、付箋などのメモによるアナログな連絡方法は伝達漏れにつながり、学校への信頼を損なう事態にもなりかねません。そこで、保護者がスマホから欠席を通知でき、それが出席簿に反映されるようなシステムが必要となります。

また、学校からの配付文書はＰＤＦでメールとポータルサイトで配信したり、保護者会等の参加連絡、アンケート等の調査は、フォーム等のアンケートアプリを活用したりすることで、省力化、ペーパーレス化が容易にできます。これらは、実施が容易で、かつ効果を教員、保護者の双方が実感しやすいことから、校務のデジタル化の第一歩となるでしょう。

次に、オンライン会議システムの活用があります。新型コロナでの臨時休業以来、学校でのオンライン会議システムの活用は急速に進みました。中学・高校で実施されている2者面談、３者面談のオンライン化はすでに多くの学校で実践され、今まで参加しづらかった父親の参加が増えるなど、保護者の負担軽減につながる成果をあげています。これを、保護者会やＰＴＡの集まりなど、さまざまな場面に広げていくことで、学校のデジタル化はさらに推進していきます。

④教員同士がつながる

教員の多忙化の要因に、連絡業務や会議があげられます。そこでクラウドプラットフォームの活用により、それらの改善を図っていきます。クラウドプラットフォーム上で、校務支援アプリとカレンダー機能がリンクすると、職員室の黒板は必要なくなり、いつでも、どこでも校内の予定を確認できます。校内には職員の動静、特別教室の管理など共有すべきデータが多々あります。これらが、クラウドプラットフォーム上で一元管理され、共有されるわけです。職員会議のペーパーレス化も簡単に実現できるでしょう。

また、学校のデジタル化は、教員たちの学校を越えた活動の負担軽減や活性化にもつながります。たとえば、現在、多くの出張がオンライン会議に移行しています。また授業研究会もオンライン化され、勤務校にいながら参加できることで、より参加の機会が増えると考えられます。

発信する学校

これまで非日常であった動画配信やテレビ会議システムは、コロナによる臨時休業以来、学校の中で一般化してきました。これを、さらに日常的化することも、学校のデジタル化のきっかけとなります。

①学校行事の動画配信

現在、コロナの感染予防のため、多くの学校行事が非公開になったり、放送等での実施となったりするなど、児童・生徒のアウトプットの機会が削減されてきました。そのようななかで、学校行事の動画配信に取り組む学校が増えてきています。今後、このような動きが多くの学校で日常化していくことが、学校のデジタル化につながるでしょう。動画配信は学校に行くことがむずかしい保護者のためばかりか、地域の方に対する情報発信にもなります。とかく閉鎖的になりがちな学校組織の意識改革にもつながっていくでしょう。

この動画配信は、オンライン会議システムによるリアルタイムの配信や、録画されたデータによる学校Ｗｅｂサイト、クラウドプラットフォームでの随時配信が考えられます。もちろん、一般公開や限定された保護者のみの公開を選択できますから、個人情報や肖像権の保護にも対応できます。しかし、それ以上にこのような情報公開は、学校教育活動への信頼につながることのメリットが大きいでしょう。

②校内放送のオンライン化

現在、ＧＩＧＡスクール構想での端末整備に伴い、多くの学校で各教室に大型提示装置が設置されました。また、校内に安定したネットワークも整備されています。そこでこの環境を活かし、学校行事だけでなく、日常の校内放送をオンライン会議システムによりライブ番組配信にすることが可能となりました。この番組配信は、ＩＤで公開範囲を限定することで、保護者や地域の方にも視聴が可能になります。給食時の校内放送が番組化することで、放送委員会をはじめとする委員会活動を飛躍的に活性化させるとともに、児童・生徒のアウトプットの場を広げることができます。また、このような校内放送でのアウトプットは、国語を中心とする授業で培われた言語能力の活用の場となり、児童・生徒の成長が期待されます。

授業以外の子どものＩＣＴ活用

加藤　朋生
（宝仙学園小学校教諭）

子どもたちに多くの選択肢を手渡す。これが、本項でお伝えしたいことです。

ＧＩＧＡスクール構想が始まり、「学習の個別最適化」をますますよく耳にするようになりました。学習者一人ひとりの興味を生かし、自分のペースで学びをつくっていくこと。１人１台端末の導入が、指導の個別化と学習の個性化の扉を開いたのです。

とくに子どもたちは、学習する場所や時間の選択肢も手にしました。自分に合った学習スタイルやコンテンツを選ぶことができるようになったのです。たとえば、本校では体調が優れない場合、オンラインで授業を受けることができます。また、学校では取り組むことのむずかしかった学習も、クラウド上で共有をすることができるようになりました。

本項では、学校生活における授業以外の子どものＩＣＴ活用についてお伝えいたします。場所や時間の制約を超えて学びを見つめてみると、学びのハンドルを握る子どもたちの姿が浮かんでくるでしょう。

下の**図**は、授業以外でのＩＣＴ活用の全貌をマップ化したものです。

授業以外のＩＣＴ活用で着目したい二つの軸

子どもたちが授業以外に自らＩＣＴを活用する場面を想起すると、同期と非同期、主体的と自発的の2軸の観点の大切さに気がつきます。

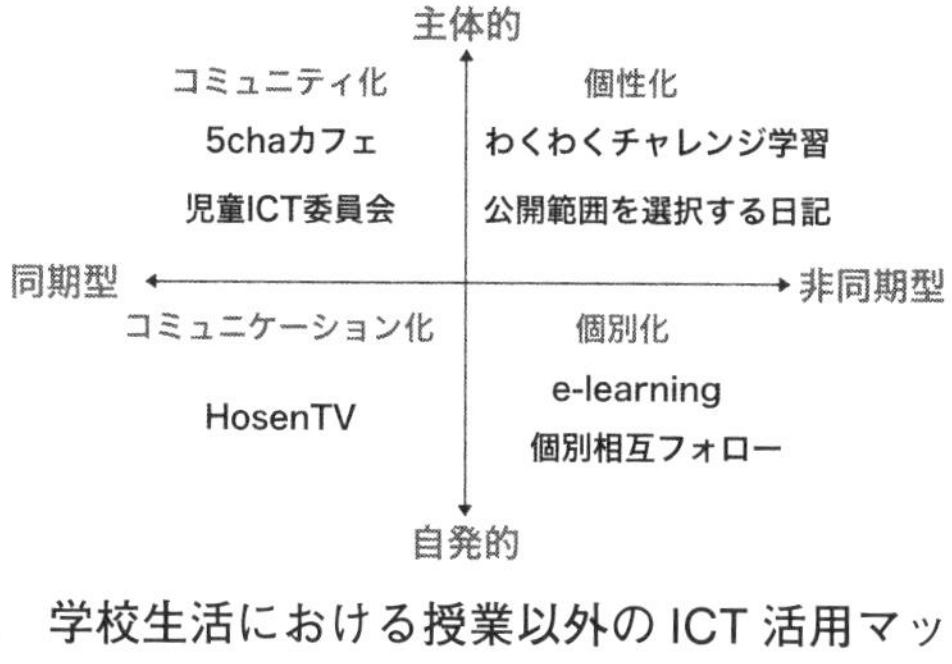

図　学校生活における授業以外の ICT 活用マップ

①横軸：同期と非同期

同期とは、同じ時間に合わせて物事を行うことです。従来の学校の対面学習は、同じ時間に同じ場所で学習が行われるため、同期型学習と言えます。ＩＣＴを活用すると、異なる場所から同じ時間に学びを享受することができます。インターネット上でリアルタイムに行われる学習システムは同期型学習と呼ばれます。

非同期型学習とは、自分のペースで学習を進めることです。e-learningを活用すれば、苦手分野を繰り返し練習することができます。これまでのドリル学習も学習者の進度に合わせて自学自習ができましたので、非同期型学習だったと言えます。しかし、ＩＣＴを活用すると、学習の進捗状況も一元管理することができ、さらに個別的なアプローチをすることが可能です。

②縦軸：自発的と主体的

学校生活において学習者が自らＩＣＴを活用する場面をデザインするとき、大切にしたいのは自発的と主体的の二つの姿です。

自発的とは、「物事を自分から進んで行うさま」（『大辞泉』）を指します。換言すれば、何をすべきかがすでにわかっていて、他人から指図を受けずに取り組む姿です。たとえば、そうじ当番。自分の役割がすでにわかっていて、自分から行うことができれば、自発的な姿が見られたと言ってよいでしょう。ドリルなど、あらかじめ学ぶことが決まっているものに自ら進んで取り組むことを、自発的な学習と解釈します。

主体的とは、「ある活動や思考などをなす時、その主体となって働きかけるさま。他のものによって導かれるのではなく、自己の純粋な立場において行うさま」（『広辞苑』）を指します。端的に言えば、自分で考えて自分で行動していく姿です。たとえば、研究活動は自分でテーマを考え、自分でアプローチを考え、進めていくことが求められます。主体的な学習には、最初から決まった答えはなく、自分で方法を考え、自ら答えをつくり出していく必要があります。

4つの「こ」

同期と非同期、自発的と主体的の2軸を交差させると、授業以外でのICT活用の4つの形が見えてきます。「コミュニティ化」「個性化」「個別化」「コミュニケーション化」。ここでは、それぞれの象限の特徴を表す言葉の頭文字をとった4つの「こ」の活用を実践例を交えながら紹介します。

①同期型×主体的＝コミュニティ化

これからの学びは、誰と学ぶかが鍵となると考えています。同じ志を持った仲間と学ぶ。同じ興味を持った仲間と学ぶ。もしくは、異なる能力や価値観を持った仲間と学ぶことも新たな世界を拓く鍵となるでしょう。

〈5chaカフェ〉

本校では、「5chaカフェ」という取り組みを行っています。「challenge」「chat」「chance」がコンセプトのこの会は、本学園の幼稚園・小学校・中学校・高校・大学の5部門の児童・生徒たちと保護者と教員が、自分の好きなトピックについて、ごちゃごちゃと語り合うイベントです。放課後の夕方に任意で行われます。これまでに、「旅行」「歴史」「アニメ」「音楽」「鉄道」「科学」など幅広いジャンルで語り合いました。

イベントはZoomやoViceなどのミーティングアプリをベースとして行われます。異なる年齢の参加者が安心して参加できるように、Kahoot!を使ったクイズ大会な

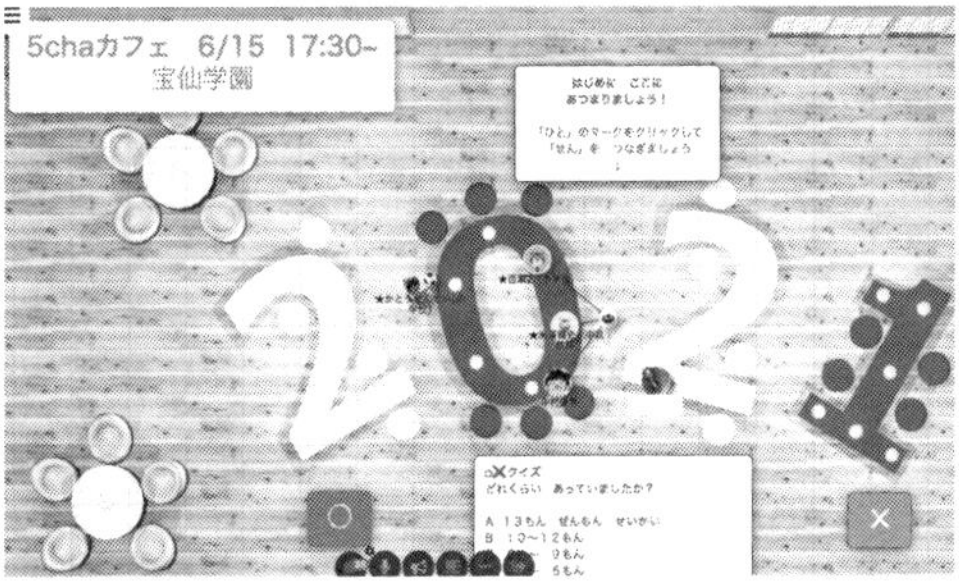

oVice を活用した 5cha カフェ

どもアイスブレイクとして実施しました。自身の興味のあることを核として、年齢の離れた参加者たちが、お互いにつながり合う好例です。

〈児童ICT委員会〉

本校では児童ＩＣＴ委員会を設置しています。小学校の中で、よりよいＩＣＴの活用を目指して、メンバーが作成した動画を全校児童が見える場所にデジタルサイネージを設置して、日常的に共有しています。タブレットを活用する際のルールを共有したり、おすすめのアプリを紹介したりするなど、委員会のメンバーが工夫を凝らして伝えています。

児童 ICT 委員会が作成した動画

②非同期型×主体的＝個性化

時間と場所を学び手となる児童が選べるようになったとき、学校では取り組むことがむずかしかった学習に挑戦することができます。

〈わくわくチャレンジ学習〉

現2年生は、入学当初から「わくわくチャレンジ学習」を実施してきました。これは、児童のやってみたいと思う学習に自由に取り組み、その様子を動画や写真にしてクラスの友だちに発信する活動です。

新型コロナウイルスの影響を受けて取り組んだオンライン学校では、家庭での学びもこれまで以上に大切だと考えました。学習の投稿は、ロイロノートスクールを活用しています。

登校が開始されてからも、学校以外での学びを共有するクラウド上のスペースは常に用意をし続けています。これまでに、家の近くのお店紹介、料理、空手、工作、実験、音楽、観光地の探検、ゲームの実況など数々のチャレンジが共有されました。それぞれの環境があってこそ、実現された実践でした。

わくわくチャレンジ学習

〈公開範囲を選択する日記〉

日記もクラウド上で公開をしています。Padlet上に「クラス内」「学年内」などのボードを設置。公開範囲を自分で選択し、いつでも自分の書いた日記をアップロードすることができます。教員だけにノートを直接提出することも選択肢として用意しています。

日記には、個人的な情報も含まれるため、どの範囲に公開するのかを見極め判断していくことが大切です。お互いに読み合い、コメントを贈り合うことも学びにつながっています。

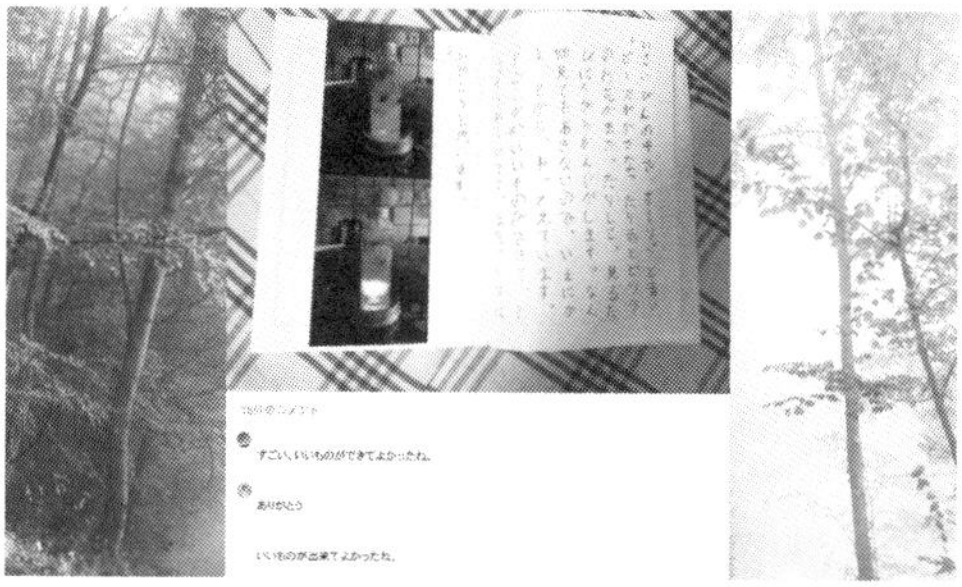

公開範囲を選択する日記

③非同期型×自発的＝個別化

あらかじめ決まった学習を自分のペースで進めることができます。

〈e-learning〉

一斉授業ではむずかしかった指導の個別化を、e-learningによって進めています。とくに、本校ではMonoxerを活用し、オリジナルの問題集を配信しています。算数の計算や漢字の書き取り、理科や社会、保健体育や家庭科など知識を定着させたい教科で効果を発揮しています。

決められたテストの日程に向けて、子どもたち一人ひとりが学習を進めていきます。

〈個別相互フォロー〉

児童－教員間、児童間の連絡もオンライン上で行っています。Google Classroom上で、児童が質問を書き込んだり、欠席をした児童に教員が学習内容などを伝えたりすることに重宝しています。

④同期型×自発的＝コミュニケーション化

「教科書にはない学び」「学びを社会とつなげる」「ホンモノとの出会い」をコンセプトに、HosenTVという番組の時間を設定しています。子どもたちに多様な学びを届けたいという思いで、保護者、卒業生、そして関連企業の方にボランティアでお手伝いいただいて実現できました。任意参加となりますが、教科書では学べない学びを1年生にもなるべくわかりやすく届けています。

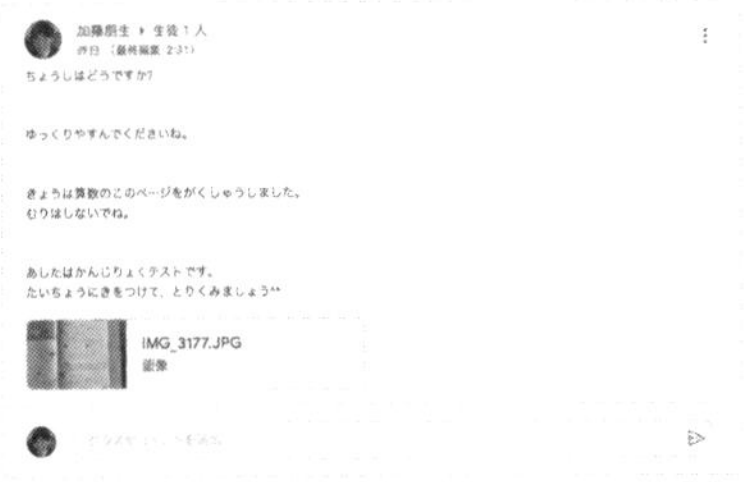

Google classroomでの個別相互フォロー

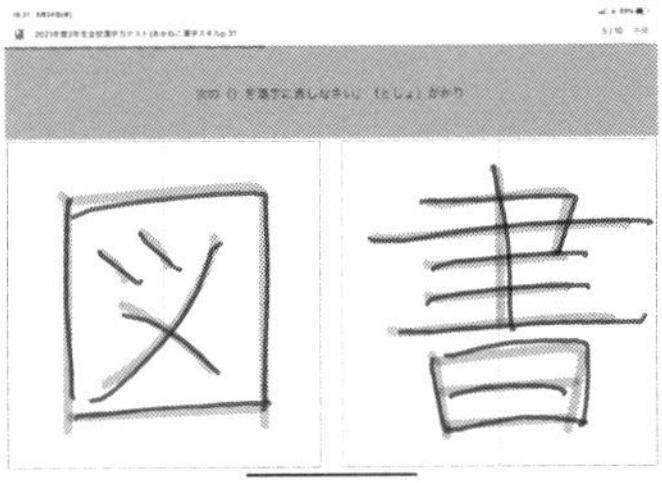

e-learningで指導の個別化

今でも月に一回程度、ゲストスピーカーを招いて15分~30分の話をうかがいます。これまでに、教員、保護者、卒業生をはじめ、プロゲーマー、医師、企業人、インストラクターなど各界の最前線で活躍する方30名以上をお招きしました。

実際のテレビでの視聴は、情報を受け取るばかりの一方通行です。HosenTVはZoomを活用し、チャットでつぶやくことはもちろん、声を出しての質問をすることもできます。番組終了後には児童の感想もゲストに届けています。

個と個がCOになるICTの活用を

「communication」「community」のように「CO」ではじまる英単語には、共同や共通、相互といったつながりを表す意味が込められています。学習する時間や場所、学習内容の選択肢を個人が持ったとき、

ゲストスピーカーの講演

Hosen TV

個が開花し、新たなつながりが生まれ、学びの世界もまた広がりと深まりを見せていくことでしょう。

授業以外の場面で、ＩＣＴ活用を推進していくことは、最初は勇気の要ることかもしれません。しかしながら、子どもたち一人ひとりに選択を託し、ＩＣＴを効果的に活用していけるように私たちもまた学習者となって研鑽を積んでいくことが求められていると考えています。私たち教員もまた、子どもたちとともに挑戦を重ねていきたいものです。個と個が○○になる学びを願ってやみません。

研修のオンライン化

櫻井　良種
（茨城県教育研修センター教科教育課長）

　長期化するコロナ禍において、「ニューノーマル」との言葉を耳にするようになりました。「これまでの当たり前」が「当たり前」ではなくなり、「新しい当たり前」が現れました。これまでの研修は、対面が当たり前だったので、わざわざ対面研修とは呼びませんでした。ところが、コロナ禍で、さまざまな研修や研究会が「止まりかける」と（場合によっては「止まってしまう」と）、オンラインを用いる研修が急増しました。かつては、オンライン研修のよさは認められつつも、実施には至らなかったように思います。まさに「必要は発明の母」です。

　オンライン研修を実施すると、オンラインならではのよさを想定以上に得ることができました。非常時対応として始まったオンライン研修であったものの、新たな可能性を強く感じました。もちろん、対面研修は対面ならではのよさがたくさんあります。たとえば、参加者同士のつながりをつくったり、コミュニティをつくったりするために、集まることに意義があります。また、実習や実験などの参加型研修も対面研修が基本です。

一方、オンライン研修のメリットは、距離による制約がないことで、講師依頼の選択肢が広がることや、受講者にとって移動のための時間や費用がかからないことなどがあげられます。また、知識伝達だけであれば、オンラインでも対面でも学習効果はあまり変わらないことを、私自身、受け手としても送り手としても体感しました。国内外の調査・研究でもこのことは明らかとなっています。「対面が実施できないからオンラインで行う研修」から「オンラインだからこそできる研修」や「対面とオンラインの双方のよさを生かしたハイブリッドな研修」へと変わり始めました。

以下では、オンラインならではのよさについて、オンラインを用いた授業参観や校内研修、教育センターや附属学校などで行われる研修や研究発表などをもとに、参加者の視点と企画者の視点で紹介します。その際、私の所属である茨城県教育研修センターの事例を紹介します。

まずは参加者として、オンラインで研修しよう

(1) オンデマンドの学び

以前は、教育研修として高額で販売されているDVDの動画を利用していました。しかし近年、気軽に見ることができるYouTubeにアップされる動画が増えています。さらに、このコロナ禍で、良質な動画が急増しました。学びたい内容や講師名をYouTubeで検索すると、多くの動画が見つかります。

売れっ子YouTuberの動画もそうですが、再生回数が多いのは、10～20分程度のものです。教育関係動画において、手軽に見ることができる代表的なものとしては、独立行政法人教職員支援機構（NITS）の校内研修シリーズがあげられます（NITSのホームページ内の「教職員の学び応援ページ」をご覧ください）。NITSでは、各学校で実施する校内研修を60分と想定し、その中で活用できる20分程度の動画を公開しています。20分程度の講義動画では、基礎理論、または理論的整理と考え方の提示を行っています。校内研修の初めに視聴し、その後、演習や協議を行うことで、校内研修の充実を図り、教員の資質・能力の向上を目指すつくりと

なっています。

茨城県教育研修センターでも、YouTube動画の充実に努めています。この1年間で登録数も1000以上増加し、再生回数が1万回を超える動画もあります。短編の動画は、NITSのものが充実しているために、90分前後のボリュームのある講演動画や、対話型で気楽に視聴しやすい動画を中心にアップしています。Web会議サービスZoom等で行ったオンライン研修は、録画機能を使うと研修動画の作成が容易にできます。

(2) オンラインの学び

現在、さまざまなオンラインの学びの場があります。有料のもの無料のもの、単発のもの連続のもの、年会費が必要な会員制のものなどなど数多く出ています。内容も、セミナー、読書会、教育書籍の新刊記念イベント、北欧などの教育先進国の海外視察、海外とつながるアットホームスタディツアーなど豊富です。自分にとって興味があるものだけでも、月に20~30にのぼります。以前は、移動時間と交通費をかけて出かけていたのがウソのように、充実した学びを自宅で得ることができます。

このような学び場について、私の見つけ方を紹介します。まず、情報収集のために、桐蔭学園トランジションセンターが運営するtulipメーリングリストに登録し、教育に関する情報メールを受け取っています。また、Facebookを利用し、教育に関する公開グループに複数登録しています。このグループや教育関係の知人の投稿から多くの情報を得て、自分が学びたいものを選び、申し込んでいます。

また、会員制の学びの場の例をあげると、妹尾昌俊氏主催の「学校をおもしろくする会」、苫野一徳氏主催の「苫野一徳オンラインゼミ」などの著名な教育関係者と深く学べるものがあります。「みんなのオンライン職員室」「先生の学校」などの多様な学びを広く楽しく学べるものもあります。さらに、広島大学大学院のように、大学の履修証明プログラムを完全オンラインで実施しているところもあります。

オンラインで研修を企画・運営してみると

(1) 校内研修や授業参観

校内研修にオンラインを用いるケースは、次の3点が考えられます。

まずは、オンデマンド動画を冒頭の講義として利用するケースです。校内研修において冒頭の講義として用いるオンデマンド動画は、先に紹介したＮＩＴＳの校内研修シリーズが100本近くあり、数も内容も充実しています。

次に、Zoom等で授業を配信して授業参観を行うケースです。授業の配信方法には、LIVE配信と事前に撮影した動画の配信があります。LIVE配信は、Zoom等のWeb会議サービスを使うと実施しやすいです。後方からの固定カメラとタブレット等で移動しながら撮影したものの2画面を使うと、授業内容がよく伝わります。また、通常の授業参観では参観者がそれぞれ思い思いに授業を見ていますが、オンラインでは、撮影者が選んだ授業場面を全員が見ることになるので、視点が共有され、研究協議が充実します。オンラインゆえのよさです。

そして、班別協議にブレイクアウトルームを使うケースです。ブレイクアウトルームを使うと、手軽に班別活動を行うことができ、自動でメンバーを割り振ることも、決めているグループにメンバーを割り振ることも、参加者がグループを選んで移動することも設定次第で可能になります。さらに、主催者が各班を自由に移動することもできます。使い勝手とセキュリティは日進月歩です。

(2) 学校や教育センターにおける研究発表会

新型コロナウイルス感染症がはやり出した頃は、一斉に中止になっていた研究発表会も、オンラインで行うケースが増加しました。パワーポイントなどのプレゼンテーションソフトを使った発表は、Zoom等のＷｅｂ会議サービスとの相性がよく、著作権や個人情報へのいっそうの配慮は必要であるものの、発表を手軽に行うことができます。オンラインで実施することのよさの一つは、参加者がどこからでも参加できる点にあります。茨城県教育研修センターで行った際も、tulipメールやFacebookを用いて広報活動を行い、都道府県教育委員会や教育センターの職員、県外の教職員、大学の教員や学生など、予想以上の広がりを見せ、多くの参加を得ました。これは、オンラインならではの成果です。

(3)　オンラインによる新たな学び

オンラインを前提とすると、従来は実施していなかった学びがいろいろ考えられます。茨城県教育研修センターでは、次の学びを提供しました。

まず、平日午後に2時間程度の時間で、所属校等からオンラインで参加する研修です。大学教官等の講義を中心とした研修で、希望する教職員が参加するものです。この研修は、参加できなかった方のために講師の許可を得て、期間と対象を限定して事後に動画配信しました。そのうちいくつかは現在も限定せず配信しています。

参加者からは、「学校にいながら簡単に参加できた」「大きな会場で後ろから講義を聞くより、講師を身近に感じる」「講師に質問したいときに、挙手よりもチャットの方が質問しやすい」などの感想が数多くあがりました。

また、コロナ禍で全国の学校が臨時休業中に、教職員に元気を届けられないかと考えてスタートしたのが「オンライン・エドカフェ」です。趣旨に賛同してくださった大阪市立大空小学校初代校長の木村泰子氏や熊本大学准教授の苫野一徳氏と茨城の教職員等で、教育に関するテーマについて、オンラインで対話をします。カフェでの対話をイメージしての企画で、年間12回行いました。木村氏と学校現場の教育実践を語り合い、苫野氏に教育哲学をもとにした理論で言葉に置き換えていただいた様子をYouTubeで制限を設けず、一般の方々にも見ることができるように配信しています。YouTubeで「エドカフェ」と検索すると見ることができるので、ぜひ、気軽にご覧ください。

とにかくやってみること

研修の目的は、参加した教職員が学びを通して変容することです。教職員は、学んだことを子どもたちの前で実践して、その子どもたちが変わる姿を見て、改めて思考や行動が変容し成長します。オンラインでも対面でも、一方向的な研修では、参加者意識が低くなったり、自分事化しづらかったりするため、変容が起こりづらくなります。思考や行動の変容が起こるような学びを考えることが重要です。また、研修動画等を制限せず公開していくことは、他の教育関係者や一般の方々の学びにもつながります。可能な限り制限せずに学びの場を開き、広げていくことが重要です。

「新しい当たり前」の時代です。まずは、現状維持や前例踏襲を疑うこと、そして、見通しがある程度もてたら、「とにかくやってみる」ことが重要です。オンラインという手段を使うと、新しい世界と次々に出会えるでしょう。

子どもの不適切使用への不安と対応

藤川　大祐（千葉大学教授）

リスクとしての乱雑な使用

タブレット等の端末の不適切使用というと、動画やゲームで遊んだり、チャットや掲示板で悪口を書いたりということが想像されるかもしれません。こうしたなかで見落とされがちなのが、端末が乱雑に扱われてしまう問題です。

ＧＩＧＡスクール構想においては、タブレット等の端末を文房具のように日常的に使用することが期待されています。ですが、このように日常的に使用するとなると、端末の故障リスクは高くなります。

すでに多くの人が使用している端末として、スマートフォンがあります。精密機器であるスマートフォンを、私たちは日常、鉛筆やボールペンのように身近なものとして使用し、あまり意識せずに落下しやすい場所に置いたり、ソファやベッドの上に放り投げたりすることが珍しくありません。こうしたことの結果、床に落下してガラスが割れる等、スマートフォンが破損したり故障したりしてしまうことが起こります。画面が割れても修理せずに、そのまま使い続ける人もいます。

メーカー側もこうした事情をよく理解しているのか、スマートフォンは少々の落下では壊れないほど、丈夫につくられています。そして、ガラスフィルムやケース等も普及しています。このようにスマートフォンが壊れにくくなったからこそ、私たちがスマートフォンをより乱雑に扱えるようになっているとも言えます。

GIGAスクール構想下で学ぶ子どもたちは、物心ついたときからスマートフォンが普及していた「スマホ・ネイティブ」世代です。スマートフォンが道具として普及し、多くの人が乱雑に扱う状況のなかで育っています。ですから、何もしなければ、タブレットやノートパソコンを、スマートフォンと同様に乱雑に扱ってしまうでしょう。

しかも、現在の小・中学校の教室環境は、タブレットやノートパソコンの使用が前提となっていません。子どもたちの机は、教科書とノートを置くだけでも面積が不足するような、狭い机です。机にはタブレットやノートパソコン専用の収容場所はなく、机の中に入れたものは落下しやすく、机の横にかけたバッグは人がぶつかりやすくなります。端末を守るという観点から見れば、現実の教室環境は、あまりにも過酷です。

子どもたちの意識も教室環境も変わらないまま、日常的にタブレット等の端末が使用されるようになれば、端末は頻繁に落下したり人にぶつかったりし、すぐに故障が頻発するようになるでしょう。そうなれば、1人1台環境の確保ができなくなり、想定された活用もできなくなってしまいます。

こうしたことをふまえれば、子どもが端末を乱雑に使用してしまうことを、不適切な使用として捉え、端末は精密機器であり壊れやすいこと、端末が壊れてしまうと修理費用もかかり授業にも支障が生じることを理解してもらい、故障しにくいよう丁寧に使用することを考えてもらうことが重要だとわかるはずです。もちろん、机の天板を大きなものにする等、端末が壊れにくい教室環境の整備も進めていく必要があります。

学校での使用で生じうる問題

　では、端末を大切に使用すること以外には、何が必要でしょうか。ここではまず、学校での使用について考えてみましょう。

　生じうる問題はさまざまです。

　まず、端末の目的外使用があります。授業において、端末を使用する必要がないときに端末を使ったり、授業と関係のない目的で端末を使ったりといったことを、子どもがしてしまうことが考えられます。授業が退屈で遊ぼうとしてしまう場合もあれば、突然気になることが出てきてネットで調べたり端末に保存されているファイルを確認したりしてしまう場合もあるでしょう。

　次に、健康に悪影響を与えうる使用があります。端末の長時間の使用で、目や肩・首、手首などに過度の疲労が生じる可能性があります。端末使用の際の姿勢が悪いと、悪影響が顕著になると考えられます。

　そして、端末使用を通した他者とのトラブルがあります。ＳＮＳやチャットで他者を傷つける投稿がなされたり、カメラ機能を悪用して相手が嫌がる写真・動画を撮影したり、他者の端末やアカウントを勝手に使ってファイルやＳＮＳ等に悪戯をしたりすることが考えられます。

このほか、個人情報を漏洩させてしまう、公開のSNS等で不適切な発信をしてしまう、必要なアプリやデータを誤って削除してしまう、設定を変更してしまいWi-Fiにつながらなくなってしまう等、さまざまな問題が考えられます。このような問題につながる使用全般が、不適切使用と言えます。

問題を解決して使用できる力を育てる

では、こうした不適切使用を防止するためには、何が必要でしょうか。素朴に考えれば、不適切使用となる場合を具体的に列挙し、そうした使用を禁止するルールを設け、遵守させるということがありえます。各学校でルールを設けるのは大変なので、教育委員会等がルール例を定めて学校に提供するということも考えられるでしょう。

不適切使用を防止するという目的のみを考えれば、そうした対応でよいかもしれません。しかし、子どもの学習として、与えられたルールを遵守するというあり方が適切かについては、検討の余地があります。

社会の情報化は今後も進み、新たな問題も次々と生じていくでしょう。これからの時代を生きる子どもたちは、こうした社会の変化に対応し、自ら社会の一員として、他の人々と協力して問題を解決していかなければなりません。

このことをふまえれば、学校で起きうる問題への対応についても、極力自分たちの力でできるようにすることが求められます。すなわち、教員が定めたルールを遵守するということではなく、自分たちがルールづくりに参画し、当事者意識をもって問題解決にあたれるようにすることが必要です。

学校レベルの問題については児童会・生徒会を中心に検討を行い、学級レベルの問題については学級活動等で話し合って、不適切使用を未然に防ぐ端末使用のあり方を子どもたちが中心となって考えられるようにしたいものです。

不適切使用を防止するためには、ルールをつくるだけでなく、状況の確認や対策の改善を継続的に行うことが必要です。教員側では問題を共有して必要に応じて対応策を検討し、児童会・生徒会や学級で子どもたちが自ら確認や改善ができるよう指導していくことが求められます。このためには、情報教育担当教員等が中心になって、状況の把握や改善に取り組めるような体制をつくることが重要となります。

家庭での端末使用に向けた条件整備

学校での不適切使用への対応について見てきましたが、家庭に端末を持ち帰る際についても、考え方は同様です。すなわち、不適切使用によって生じる問題を回避すべく、子どもたちが自分たちでルールづくりを行い、当事者意識をもって問題解決にあたれるようにすることが求められます。

家庭での使用の場合、学校での使用と異なり、教員や他の子どもたちに見えない状況で端末が使用されることとなります。もちろん家庭では保護者の監督が期待されますが、家庭の状況はさまざまであること、子どもたちが自ら問題解決を行えるようにすることが望ましいことを考えれば、保護者に不適切使用を直接的に止めることを期待するべきではありません。保護者には、学校としての方針を理解し、ゆるやかに子どもの端末使用を見守ってもらうくらいのことを期待すべきでしょう。

このように考えれば、前提として、フィルタリングやセキュリティ対策等、学校外でも端末を安全に使用できる条件整備を行うことが求められます。そのうえで、端末の使用目的、使用時間等のルールを、子どもが参画して策定し、保護者に周知して協力を求めることとなるでしょう。もちろん、保護者からも不安な点等について意見を出してもらい、保護者の意見もふまえてルールづくりを行えることが望ましいと言えます。

ルールを定める際には、ＧＩＧＡスクール構想で支給されている端末は、私物ではなくあくまでも公金で支給されているものだということを出発点にするとよいでしょう。そのうえで、次のような点についてルールを定めることとなるはずです。

○使用目的（当然、私的な娯楽のためでなく、学習のために使用する）
○使用時間、使用する際の態度等（健康を害さないように使用する）
○適切な管理（ＩＤやパスワードを子どもが自ら管理し、兄弟姉妹や友人等が使用しないようにする）
○トラブル報告（問題が生じたら保護者と教員に速やかに報告する）

保護者と学校との適切な連携も重要です。子どもの端末使用に関して保護者が問題を感じた場合に学校にどのように連絡するかについても、確認しておくとよいでしょう。

各家庭の不安・思いとのかかわり方

藤川　大祐（千葉大学教授）

リスクとしての乱雑な使用

1人1台端末での教育について、保護者は相応の期待をしているものと思われます。保護者の期待には、次のようなことが考えられます。

①一人ひとりに適した学習が進むことへの期待

文部科学省も「個別最適な学び」を掲げており、ＩＣＴ活用によって一人ひとりに適した学習の推進が期待されます。わかりやすい例としては、個々の学習者の回答状況をふまえてＡＩが次の課題を決め、学習者それぞれが自分に合った課題を進めていくという教材が考えられます。

②コンピュータやネットを利用する力が伸びることへの期待

１人１台端末となれば、子どもたちはネットでの情報収集やキーボードを使用した文書作成等を頻繁に行うこととなります。１人１台環境であれば、プログラミング教育もさらに充実するかもしれません。こうしたことを通して、子どもたちの情報活用能力が高まることが期待されます。

③一斉休校の際や不登校の子どもへの支援としてのオンライン授業の実施

２０２０年の一斉休校時には、端末の確保ができない等の事情で、オンライン授業を実施できない学校が多くありました。１人１台の端末を子どもが家庭に持ち帰れる状況であれば、休校になってもオンライン授業が実施しやすいですし、不登校の子どもがオンラインで授業に参加することもできるようになるでしょう。

④学校との間の連絡の円滑化への期待

保護者と学校との間の連絡では、連絡帳や電話といった手段が主流という学校がまだ多いようです。かといって、普段使っているＳＮＳ等で学校と連絡するのは公私の区別がなくなり、あまり好まれません。こうしたことから、１人１台環境の導入を機に、保護者と学校との間でネットを活用した公式な連絡手段が設けられることに期待が高まります。

しかし、保護者のこうした期待に学校がすぐに応えられるかというと、むずかしいのではないでしょうか。「個別最適な学び」については、端末が入ったからといってすぐに進むものではないでしょう。コンピュータやネットの利用能力の向上についても、そのことを意識したカリキュラムがつくられていない場合が多いはずです。オンライン授業については２０２０年の一斉休校当時ほどの切迫感はなく、不登校の子どもへの支援も含めても実施はかなり限定されています。学校と保護者との連絡については、子ども用の端末がなくてもメールやアプリを使ったシステムを導入すれば進められるものなので、ＧＩＧＡスクール構想との直接の関係はありません。

このように、保護者の期待と現実との間には乖離があるので、学校としては当面、1人1台端末の導入によって何を行おうとしているのかを、保護者や子どもたちに的確に示すことが求められます。

文部科学省のリーフレット「ＧＩＧＡスクール構想の実現へ」では、ＧＩＧＡスクール構想で実現しようとしていることとして、「学習活動の一層の充実」や「主体的・対話的で深い学びの視点からの授業改善」があげられています。1人1台端末において、個々の子どもの考えを互いにリアルタイムで交流させたり、個別学習の履歴を記録したり、教師が授業中に個々の子どもの反応を把握したりすること等が目指されています。学校としては、こうした学習活動の充実や授業の改善を進めていくために端末を活用するということを、保護者や子どもに説明し、理解を得ていくことが必要です。

不安に対しては丁寧に検討を

では、1人1台環境に関して、保護者はどのような点を不安に思っているでしょうか。基本的には、保護者の不安は、これまでの私的なスマートフォン等の端末の利用にかかわる不安と同様に、以下のようなことがあります。

①長時間の利用に伴う、目の疲労等、健康への悪影響

そもそも娯楽やコミュニケーションでスマートフォン等を長時間利用している状況のなかで、さらに学習にも端末を利用するとなれば、当然、子どもが画面を長時間見ていることとなります。目の疲労による視力低下や、首に負担のかかる姿勢が続くことによるストレートネック等の問題が懸念されます。

②ネットでのコミュニケーションに伴う悪口や仲間はずれの問題

私的なネット利用ですでにさまざまな問題が生じていますが、学校で支給された端末を通して、グループチャット等で学級の子どもたち同士のコミュニケーションがなされるようになれば、悪口や仲間はずれといった問題が生じやすくなり、いじめの問題が起きやすくなると考えられます。また、他の者の端末に入り込んだり、他の子どものＩＤやパスワードを使用してなりすましをしたりして、ファイルを加工したりチャットに書き込みをしたりすること、さらには個人情報を漏洩させてしまうこと等が考えられます。

③端末を破損・故障させた場合の弁償の必要性への懸念

子どもの使用法に問題がなければ、破損や故障があっても子どもやその保護者が弁償するということにはならないでしょう。しかし、端末の扱いが乱暴であったり、故意に破損させたりしたような場合には、弁償が求められるかもしれません。

＊

保護者がこうした懸念を抱くことは当然であり、学校としてもこうした問題が生じないよう対応を検討しておく必要があります。そして、ここで述べたようなことはどれだけ気をつけても、リスクをゼロにすることはできません。仮にこうした問題が発生したときの対応についても考えておくことが求められます。保護者や子どもたちとも、意見交換する機会があるとよいでしょう。

具体的には、次のようなことが検討される必要があります。

健康への悪影響については、適切に休憩を入れることや端末を使用しない活動と組み合わせること、端末を家庭に持ち帰った場合に使用時間の目安を決めておくこと等があります。目のマッサージを毎日行うことも、選択肢となるでしょう。

悪口や仲間はずれの問題については、いじめ防止の取り組みを進めるとともに、中傷やなりすましが法的にも犯罪となりうること等も確認し、ネット社会の一員としての自覚をもって端末を使用できるようにしていく必要があります。

そして、破損や紛失については学校の予算で対応する場合と弁償が求められる場合の基準について意見交換し、一定の合意のもとで対応を進めることが必要です。また、そもそも破損や紛失が起こりにくいよう、机の周囲を整頓して端末が落下しなくなるようにする等、端末を大切に扱うことを習慣づけることも重要です。

１人１台環境の導入に際して、さまざまな不安があるのは当然です。保護者や子どもの声を受け止めながら、実践を進めつつ改善を図っていくことが必要です。

個人情報保護、セキュリティ対策

長谷川　元洋（金城学院大学教授）

学校が守るべき三つのこと

「児童・生徒ならびに保護者の権利」「教育・学習のためのデータ」「学習環境」の三つを守ることを目的に、個人情報保護・情報セキュリティ対策を行うことが大切です。もしも、個人情報保護・情報セキュリティ対策を行う目的が「保護すること」「問題が起きないようにすること」となってしまえば、問題が発生する確率を下げることが優先されて、ＧＩＧＡスクール構想に整備されたすばらしい環境を活かすことが十分にはできなくなる可能性が高まります。

２０２０年以前にも、「タブレットＰＣを持ち帰れないため、授業中に学習者用デジタル教科書に書き込んだ内容を紙の教科書に写さないといけない」「他地域の学校とテレビ会議システムを使ったインターネット交流を行うと個人情報の第三者機関への提供となってしまうから中止した」など、せっかく整備された学習環境を活かせない事例が発生しています。

こういった状況にしないためには、「ＧＩＧＡスクール構想で整備される環境を活かして、児童・生徒の学びを豊かにするために大切なことは何か？」をまず考え、そのうえで「何のために個人情報保護・情報セキュリティ対策に取り組むのか？」を考えることが必要です。

学びを豊かにするために大切なことは何か

「教育情報セキュリティポリシーに関するガイドライン（令和3年5月版）」（文部科学省、２０２１年）においても、「学校は、児童生徒が学習する場であることに鑑み、授業においてＩＣＴを活用した様々な学習活動に支障が生じることのないよう、配慮する必要がある」（12頁）と指摘されています。

個人情報保護を「個人情報に関する権利の保護」と捉え、児童・生徒ならびに保護者に説明をしたり、利用目的を明示したりするなどして、法令を遵守して、タブレットPC等を利用できる状況にすることが必要です。個人情報保護制度に関する知識があまりない場合は、まずは、OECDの8原則（「収集制限の原則」「データ内容の原則」「目的明確化の原則」「利用制限の原則」「安全保護の原則」「公開の原則」「個人参加の原則」「責任の原則」）について、書籍やインターネット上の資料等で確認したうえで、個人情報保護に関する法令の条文を読むと理解しやすくなります。また、「個人情報」「個人識別符号」「要配慮個人情報」「個人情報データベース」「個人データ」等の用語の定義と例を確認することも、条文を理解するために必要です。

先にあげたテレビ会議システムを使った交流学習のケースは、「児童・生徒ならびに保護者に、教育活動の目的と期待される成果、学校がとる対策、想定されるリスク等を説明し、同意をとったうえで実施する」というかたちになることが期待できます。これは、児童・生徒ならびに保護者の権利を尊重することに加え、教育活動の目的や意義を児童・生徒ならびに保護者に理解していただく取り組みにもなります。

法令遵守の重要性

また、法令遵守、コンプライアンスも「個人情報に関する権利の保護」のために重要です。２０２1年６月にある政令市で、個人情報保護条例で定められている「利用目的の明示」が児童・生徒ならびに保護者に対して行われていなかったことを市会議員から指摘され、一時的に、タブレットＰＣの利用を中止せざるをえなくなった事例が発生しました。ＧＩＧＡスクール構想で整備された環境を活用し続けるためには、法令を遵守した運用は最低限必要なことであると言えます。

法令に基づいた手続きをとる際に、各自治体が作成している個人情報保護に関する手引きや「個人情報の保護に関する法律についてのガイドライン（通則編）平成28年11月（令和3年1月一部改正）」を参考にして、具体的に利用目的を特定できるように示すことで、教育データとして何を取得し、どのように活用するかを明確にでき、より教育効果をあげることが期待できます。

たとえば、ＡＩを利用した学習ドリルを使用する目的を「教育目的に利用するため」とするのではなく、「誤答した問題のデータから、学習のつまずきの原因を分析し、個々の学習状況に応じた出題や解説を行うため」などと具体的に示すことは、児童・生徒ならびに保護者に対して、ＩＣＴを効果的に活用する方法を示すことにもなります。

このように、単に法令に定められた手続きを行うのではなく、教育効果を高めるという視点も含めて、具体的に示せば、学習指導も同時にできることになります。

同時に、情報セキュリティ対策を「教育・学習のためのデータ」「学習環境」を守るという視点から捉えることで、「タブレットＰＣの利用目的を理解させ、機器とデータの両方を大切に扱うことを教育したうえで自宅学習にも活用できるようにする」等の取り組みになることが期待できます。サイバーセキュリティ戦略本部（２０２０）は、「サイバーセキュリティ２０２０」のなかで、「新学習指導要領における情報活用能力の育成に資するため、児童生徒の発達の段階に応じた、プログラミング的思考や情報セキュリティ、情報モラル等を含めた情報活用能力を培う教育を一層推進する」（55頁）と述べています。教員自身が情報セキュリティの確保をするために必要な知識を身につけるだけでなく、児童・生徒に情報セキュリティを教育する方法を考えながら研修を受ける必要があります。

児童・生徒へのセキュリティ教育

１人１台環境において、ＩＣＴを自由に活用できる状況をつくるには、教員の目が届きにくい状況においても、児童・生徒が情報セキュリティを確保しながらタブレットＰＣ等を活用できるようになる必要があります。そのためには、平成20（２００８）年度改訂の学習指導要領解説総則編で示され、現在の学習指導要領でも継続して示されている「情報の収集、判断、処理、発信など情報を活用する各場面での情報モラルについて学習させること」や、「ネットワーク上のルールやマナーを守ることの意味について考えさせる学習活動」「情報には誤ったものや危険なものがあることを考えさせる学習活動」等を行い、児童・生徒が自身で的確に判断する力を身につけさせる教育を行う必要があります。これは、タブレットＰＣの利用に関する自由度を高め、１人１台環境を活かす状況をつくるために必須です。

情報セキュリティ対策は「技術的対策」「物理的対策」「人的対策」の三つの対策によって行われますが、企業や役所とは違い、教育機関である学校は、「人的対策」に児童・生徒への情報セキュリティ教育の視点を入れることが重要です。そうでなければ、問題を発生させないことが優先され、タブレットＰＣ等が非常に使いづらいツールやサービスになってしまい、よい学習環境を守ることができなくなってしまうでしょう。

最新の情報を入手する努力の必要性

2021（令和3）年第204回通常国会で、デジタル社会形成基本法やデジタル社会の形成を図るための関係法律の整備に関する法律が成立しました。それによって、これまでは、私立学校には個人情報保護法が、国立大学附属学校には独立行政法人等個人情報保護法が、自治体が設立母体の公立学校には地方公共団体の個人情報保護条例が適用され、法令によって個人情報の定義が異なるなどの問題がありましたが、統一されることとなりました。これは2段階で行われ、国立大学附属学校は2022（令和4）年5月18日までの政令で定める日、自治体が設立母体の公立学校は2023（令和5）年5月18日までの政令で定める日に改正法が施行されるため、それを見据えた準備が必要です。

GIGAスクール構想で整備される学習環境においては、教育ビッグデータと呼ばれる児童・生徒の学習に関する情報や教員の指導法に関する情報等の活用も目指されています。改正法の施行後は、公立学校も匿名加工情報を一定のルールに従って、本人の同意なく第三者機関に提供できるようになり、全国規模で教育ビッグデータが活用されるようになるでしょう。その際、学校は法令に基づいて、安全管理措置等を行っていくことが必要になることを教員は知っておく必要があります。２０２２（令和４）年４月から施行される改正個人情報保護法第16条の２では、不適正な利用の禁止が定められていることもふまえて、すべての学校が法に基づいた適正な利用ができる状況をつくる必要があります。

また、以前は推奨されていた「パスワードを定期的に変更すること」は、現在では推奨されていないなど、情報セキュリティ対策も変化しています。今回、クラウドサービスを導入した自治体も多くあることから、ネットワークストレージの共有範囲の適切な設定等、新しく導入したシステムに合わせた知識も必要となります。

〈引用・参考文献〉

・個人情報保護委員会『個人情報の保護に関する法律についてのガイドライン（通則編）』平成28年11月（令和3年1月一部改正）
https://www.ppc.go.jp/personalinfo/legal/2009_guidelines_tsusoku/
・文部科学省「『教育情報セキュリティポリシーに関するガイドライン』公表について」

https://www.mext.go.jp/a_menu/shotou/zyouhou/detail/1397369.htm

・内閣官房、国会提出法案（第２０４回通常国会） https://www.cas.go.jp/jp/houan/204.html

・総務省「安心してインターネットを使うために　国民のための情報セキュリティサイト」

https://www.soumu.go.jp/main_sosiki/joho_tsusin/security/basic/privacy/01-2.html

ＩＣＴ支援員との連携、新サービス導入時の民間企業・ＮＰＯとの連携における注意点とは

高橋　暁子（成蹊大学客員教授／ＩＴジャーナリスト）

ＧＩＧＡスクール構想によってようやく児童・生徒への1人1台端末が実現し、本格的な導入・活用の段階に来ている学校は多いでしょう。しかし言うまでもなく、初期のＩＣＴ機器の導入が終わっても、それで終わりというわけではありません。

そもそも十分に活用していくためには、ＩＣＴ支援員との定期的な連携が必要です。また、今後活用が進むことで日々新しい課題も生まれるだけでなく、さらに便利なサービスも登場してくるでしょう。事態が変わることで、新たなサービス導入などが必要となることもあります。その際には新たな企業やＮＰＯとの連携が必要となります。つまり、現状にとどまることなく、さらなる発展・活用を目指してい

く必要があるというわけです。

今後の活用で、ＩＣＴ支援員や企業・ＮＰＯとの連携において、学校として気をつけるべきことは何なのでしょうか。

明確な教育ビジョンと教育ＣＩＯのいる体制が必要

今後の活用・拡大・改善の段階においても基本となるのは、自校が目指す明確な教育ビジョンです。これがあらゆる選択の軸となり、行動の指針となります。前提として、児童・生徒や保護者、自校、教員の現状や課題などを理解し、目指すところを話し合って明らかにし、共有しましょう。

同時に、適切なＩＣＴ支援員や新しいサービスなどを配置・導入できる教育ＣＩＯ（Chief Information Officer、最高情報責任者）や教育ＣＩＯ補佐（情報主任）のような人材がいる体制も必要です。学校のＩＣＴ化の方針はすべて学校ＣＩＯの指示によって決裁されるものですが、理解と同時に選択できる能力も求められるというわけです。

つまり、明確な教育ビジョンを持ち、理解している教育ＣＩＯや教育ＣＩＯ補佐がいる体制があることで、人材を活かし、新たなサービスを選び、活用することができると考えられるのです。

次々とＩＣＴ支援員の活用事例や、新しいサービスも生まれてくるはずです。そのような情報に対して感度を高くし、常にさまざまな学校や教員たちと情報交換を行ったり、勉強会などに参加したりして情報を仕入れておくことも重要なのです。

ICT支援員との連携はコミュニケーションがポイント

ＩＣＴ支援員活用がうまく機能することで、サポートを得て校内におけるＩＣＴ活用、授業でのＩＣＴ活用のハードルを下げ、授業内容をさらに充実させる効果が期待できます。

ＩＣＴ支援員の業務は大きく分けて授業関連、校務関連、環境整備関連、校内研修関連と多岐にわたります。具体的には、ＩＣＴ機器を使った授業での準備や片づけ、児童・生徒のＩＣＴ機器操作支援、情報リテラシー・情報モラル指導、校務支援システムの操作支援、成績入力や出欠入力、保護者向け文書の作成、ホームページの作成・更新、障害トラブル時の切り分け・トラブル対応、ＩＣＴ機器・ソフトウェアのバージョン管理、セキュリティパッチの適用、セキュリティポリシーの作成、研修計画の作成、研修準備および実施、研修の効果把握などが考えられます。

そのなかでもどこに活用するのか、自校の課題や目的に合った適切な活用こそが重要となります。

ＩＣＴ支援員との連携は、なによりもコミュニケーションがポイントです。クラスや児童・生徒、保護者、教員や学校などの実態について理解し、どのような目的でどんな授業をしたいのかを把握しているのは学校や先生たち側です。ＩＣＴ支援員はあくまでそれを支援する立場なので、しっかり意図を伝えることで、適切で効果的な支援が得やすくなります。

教員が不安に感じていることや現在抱えている課題を伝えることで、改善方法やトラブルを未然に防ぐ方法のアドバイスがもらえます。目指すものや求めることを適切に伝えることで、思い込んでいたよりももっとよい方法やツール、やり方などをアドバイスしてもらえる可能性が高まるはずです。

たとえばある教員が、ＩＣＴ支援員に「子どもにプレゼンソフトを使わせたい」と相談したことがあります。支援員がよく聞くと、むしろレポート的な冊子をつくりあげることが真の目的だったことがわかり、支援員はWordやドキュメントの活用を提案したそうです。コミュニケーションがうまくいくことで、このように目的に合ったものを提案してもらえたり、改善方法を教えてもらえる可能性が高まるでしょう。

企業・ＮＰＯと連携する際に必要なこと

ＩＣＴ支援企業・ＮＰＯなどを選ぶ際には、得意分野、活用・運用支援能力、サポート体制、セキュリティ体制、費用などに着目して選ぶ必要があります。改めて新サービスを導入する際も同様に、企業やＮＰＯありきではなく、教育ビジョンにマッチした課題解決や目的に沿った適切なサービスを選ぶ必要があります。

つまり、企業やＮＰＯ側が入れたいサービスありきではなく、民間企業が主導するのでもなく、あくまで学校側が主導して進めていくのが望ましいでしょう。そのためには、冒頭でご説明したような体制とともに、民間企業やＮＰＯとの十全なコミュニケーションが大切です。

自校の目的や課題、予算などを告げたうえで、適切なサービスを提案してもらい、検討するようにしましょう。類似のサービスがある場合は、複数の企業・ＮＰＯから複数のサービスを提案してもらい、機能や料金、サポート体制、導入実績などで比較して決めるといいでしょう。

また、企業やＮＰＯの個人情報管理状況が適切かどうかは必ず確認しましょう。

企業やNPO側の個人情報保護方針、個人情報の取り扱い、利用目的、提供、開示などについて、それぞれ問題ないことを確認してください。クッキー（Cookie）やウェブビーコン、アクセスログ、SSLなどについても、それを通してどのようなことを行っているのか、問題ないことを確認しましょう。

学び、変化し続ける学校であれ

ICT活用においては、現状にとどまり続けることはできません。児童・生徒や課題なども常に変化し、次々と新しい技術やサービスが生まれてきます。現状のままでいようとしたり、初期のままで維持しようとすれば、むしろすぐに時代遅れになり、実情に合わないものとなってしまいます。

次々と変わる事態や問題を正確に把握し、新しい技術やサービスを柔軟に取り入れ、活用していくことこそが、今後の学校には求められているのです。そのために、ICT支援員や企業・NPOなどが、情報面でも技術面でも、確かな力となるはずです。学校だけで完結しようとせず、外部の支援を適切に活用していくことこそが求められているのです。

3章

授業・学びのＩＣＴ化を進める

授業のデザインから学びのデザインへ

稲垣　忠（東北学院大学教授）

1人1台が意味すること

「ＩＣＴは授業の道具だ。授業のどの場面でどのように使うのが効果的か、教師がしっかり見極めて活用するべき」と言われてきました。「ＩＣＴはうまく動かないことがある。動かないときの代替案も考えておくことが重要だ」とも言われてきました。こうした考え方とＧＩＧＡスクール構想とはスタートラインが違います。これまでのＩＣＴ活用は、「授業の道具」とするのも、「代替案」を考えるのも教師が主語でした。１人１台のコンピュータは教師の道具ではありません。児童・生徒の道具です。

　これまで成し得なかったイノベーションが、デジタル技術の革新によって引き起こされるＤＸ（デジタルトランスフォーメーション）の時代を私たちは生きていきます。情報化・デジタル化がさらに進むであろう将来の社会を生きていく子どもたちが、学習の道具としてコンピュータを活用できるようにすることが、１人１台の本質的な意味です。

「学びの保障」による転換

　１人１台は教師の「教具」ではなく、児童・生徒の「文房具」と言われます。この「文房具」は鉛筆と同じように、授業中にだけ使われるものではありません。授業外・学校外でも日常的に使用することが前提です。

　２０２０年３月に始まったコロナ禍による臨時休業期間、オンライン授業を実施できた学校はわずかでした。児童・生徒が学習の道具としてＩＣＴを使う機会は世界最下位であり、環境も貧弱だった結果、学習機会の保障という公教育の最も重要な使命を果たせない状況を生みました。ＧＩＧＡスクール構想の端末整備は前倒しされ、児童・生徒がコンピュータを活用できるようにするより前に、学びを保障する手段という新たな目的が優先されました。

この転換は、結果的にはコンピュータを児童・生徒の学習の道具どころではなく、学習の基盤として活用することを促す転機となりました。コロナ禍に限らず、他の感染症、自然災害等、通学が困難になる状況は今後も想定されます。不登校や院内学級など個別の状況に応じた学びを保障するニーズはかねてから指摘されてきました。学びを保障するICT活用とは、対面授業以外の場面で学びをどう提供するかを考えることです。教師には、「必要な場面で」「効果的に」ICTを活用するのではなく、「ICTだけで学びをどう成立させるか」が問われました。児童・生徒は、学習に参加するためにICTを活用できることが前提となりました。

なお、ここで「端末」ではなく「ICT」としたのは、授業外での活用は、GIGAスクールで整備された端末に限らないためです。ほとんどの自治体では、端末整備と同時に、児童・生徒のアカウント（ID）を発行しました。学校外では、アカウントがあれば学校と同様のサービスを利用できます。GIGAスクール構想は、児童・生徒がコンピュータを文房具のように活用できることを目指しています。水道や電気が私たちの生活に欠かせないのと同じように、ICTは学習機会を保障するインフラへと、文房具を飛び越して一気に役割が転換しました。この転換を自覚することなく、教室の授業での1人1台活用に終始していれば、対面の学びを保障できなくなったとたんに足をすくわれてしまいます。

「授業」と「学び」の関係を編み直す

教師と児童・生徒が（オンラインの場合も含めて）対面し、一定の時間を共に過ごし、指導と学習が行われるのが授業です。一方、「学び」はより幅広い概念です。授業外の予習・復習、宿題、自主学習、図書館や社会教育施設に出かける、塾・習い事や通信教育など、あらゆる機会が「学び」となります。授業の道具であったＩＣＴ活用（**図**左）と学習環境としてのＩＣＴ（**図**右）は、使用される範囲がまるで異なっています。したがって、児童・生徒が1人1台あるいは1人1アカウントを授業以外の場面でも活用できることを前提に、

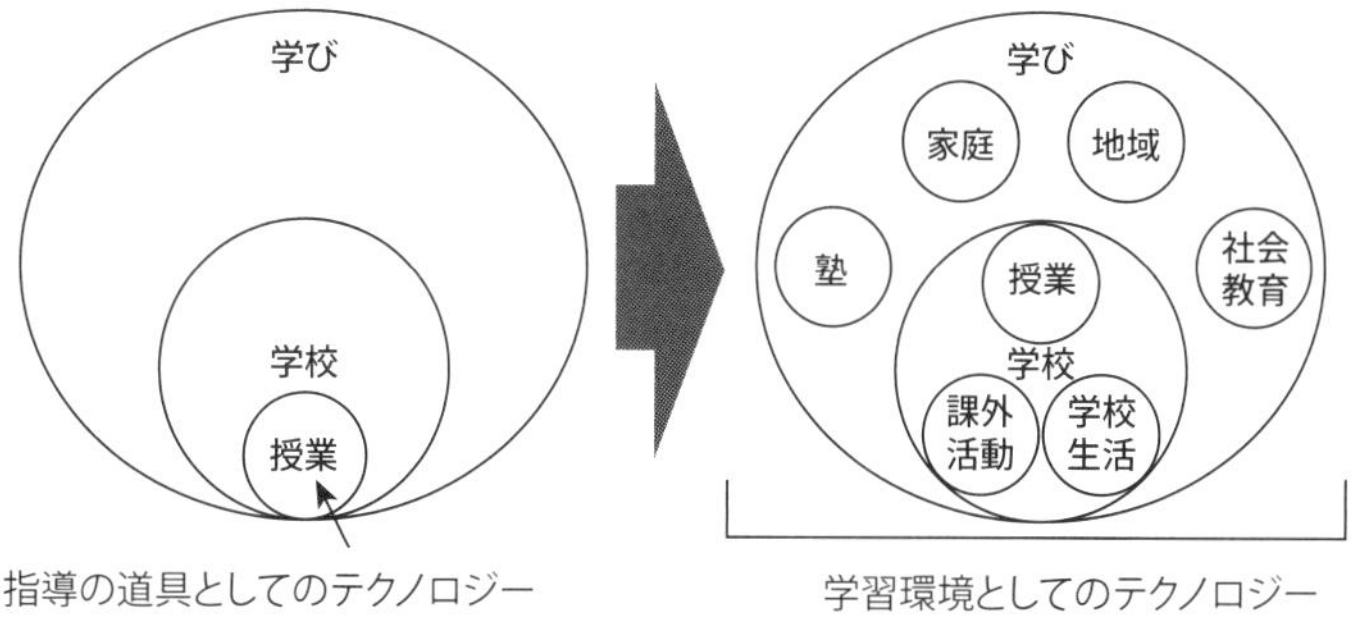

図　授業・学びとテクノロジー（参考文献①）

授業での活用、あるいは授業自体の役割を再考することが教師には求められます。

一般に、授業と授業外の学習を組み合わせて質の高い学びを実現する手法は、ブレンディッド・ラーニングと呼ばれます。[②] 組み合わせ方はさまざまありますが、一般論として授業では学習者同士の協働や対話を重視し、授業外では個別の習熟や追究の機会とします。家庭で授業動画等により基礎的事項の理解を深め、教室では教師による個別のサポートや発展課題を協働で取り組むといった組み合わせは「反転授業」と呼ばれ、10年ほど前から実証が行われてきました。これまで初等中等教育では、貧弱なＩＣＴ環境のもとでこうした実践は大きく広がることはなく、大学を中心に実践されてきました。学びのインフラとして1人1台の環境が整ったことで、授業と授業外の学びの組み合わせの可能性が広がりつつあります。

個別最適な学びと協働的な学び

２０２1年1月の中央教育審議会答申「『令和の日本型学校教育』の構築を目指して」には、学習環境としてのＩＣＴを生かした新たな学校教育像が描かれています。副題に「全ての子供たちの可能性を引き出す、個別最適な学びと、協働的な学びの実現」とあるように、個別最適と協働の２つの「学び」(「授業」とは書かれていません）の両立がキーワードです。

個別最適な学びは、「指導の個別化」と「学習の個性化」2つの考え方が示されています。1980年代に精力的に研究が進められた個別化・個性化教育[③]の現代版とも言えます。いずれも、授業と授業外の時間を組み合わせた学びのデザインが鍵になります。その具体は次項に譲るとして、ここでは「授業」と「学び」の関係に注目します。

指導の個別化は、学習進度を含む学習者のさまざまな特性に応じた指導を行うことです。ＡＩドリル等の教材は、学習者のつまずきに応じた出題や解説教材を提供します。デジタル教科書は、学習者の視覚特性に応じた表示や、ルビや読み上げなどにより日本語を母国語としない児童・生徒を支援できます。

ドリル学習に授業時間を多く割いたところで、個別最適を達成できるわけではありません。児童・生徒の個人差を前提に、それぞれに必要なだけの機会と時間を授業プラス授業外で確保できたとき、本来の個別最適化となります。教師は紙のドリルの回収と採点ではなく、自動で採点・蓄積される学習履歴をもとに個別の指導・アドバイスや授業での学び合い・教え合いの活性化に役立てればよいのです。

学習の個性化は、個別の興味・関心やキャリアの方向性に応じて追究する学びを充実化させることを意味します。情報の収集、整理・分析、まとめ・表現といった探究の道具として端末を活用します。インターネットでの検索、データの分析やプレゼンテーション、動画編集など、まさに文房具として活用するのです。また、授業時間にしばられずに調べたり、編集したり、図書館のデータベースや外部の専門家とつながる手段にもなります。授業は、それぞれが調べてきたことを持ち寄って議論したり、共同作業に取り組んだり、成果を発表し、質疑やアドバイスを行う協働の場となります。

指導の個別化、学習の個性化は、ツールと機会さえ与えれば成立するわけではありません。児童・生徒が自ら課題意識を持ち、学習状況を把握（メタ認知）しながら、いつ、どのように学ぶことで成長できるのか、絶えず調整する力が求められます。コロナ禍のオンライン授業でも、学習者が自律的に学ぶ力の重要性が指摘され、自己調整学習への関心が高まりました。個別最適な学びは、自己を調整する力を育てる機会でもあります。

情報活用能力を基盤とした学び

自己調整と並び、1人1台の端末を前提とした学びを支えるのが情報活用能力です。新学習指導要領では、「学習の基盤となる資質・能力」の一つに位置づけられました。タイピング等の端末の操作スキルやパスワード管理等のセキュリティ意識だけでなく、ネットで検索した情報を精査する、収集した情報の比較や関連づけの技法、大量のデータの分析・処理、プレゼンテーション等による表現など、探究を支える一連の技能、問題解決の手段としてのプログラミング、情報モラルなどが情報活用能力には含まれます。

　情報活用能力は、教科を横断して育むとされています。さまざまな教科で情報を収集・編集・発信する探究的に学ぶ機会を確保したいものです。児童・生徒は、学習の道具として端末を含む情報手段を活用しながら探究し、学びを深めます。筆者は、教科での情報活用を組み込んだ単元づくりの考え方として「情報活用型プロジェクト学習」を提唱しています[5]。

　教師中心の「授業でのＩＣＴ活用」から児童・生徒を中心とした「学びを支えるＩＣＴ」へ。授業の内外で端末活用を積み重ねた先には、娯楽の道具ではない、将来をつくる道具として、ＩＣＴを活用する児童・生徒の姿が見えてくるはずです。

〈参考文献〉

①稲垣忠「学習環境のアップデート」堀田龍也他『学校アップデート』（さくら社、2020年）

②ホーン&ステイカー『ブレンディッド・ラーニングの衝撃』（教育開発研究所、2017年）

③加藤幸次・安藤慧『個別化・個性化教育の理論』（黎明書房、1985年）

④ジマーマン&シャンク『自己調整学習の理論』（北大路書房、2006年）

⑤稲垣忠『探究する学びをデザインする！　情報活用型プロジェクト学習ガイドブック』（明治図書、2020年）

ICTは「個別最適な学び」をどう進化させるのか

黒上　晴夫（関西大学教授）

GIGAスクール構想の前倒しで、2020年度中にほぼすべての小・中学校で、「1人1台端末」が実現しました。それに伴い、「個別最適な学び」がこれからのキーワードとして注目されることとなりました。ですが、その意味は一通りではありません。

個別進度の学習

一つは、各自の理解力や到達度に合わせて能力を最大限伸ばす、個別進度の学習を提供しようということです。海外では、数学やスペリングなど、同じ教室にいながら進度の異なる教材を使って学習することがあります。これを発展させると、飛び級が起こります。その議論も進められてはいるようですが、日本の初中教育で、これを想定するのはかなりむずかしいのが現実です。

「完全習得学習」や「単元内自由進度学習」のように、単元を超えて先に進まないという制約のなかでなら可能でしょうか。その場合、情報端末を用いて、より効果的に進度の最適化を目指すことになります。

そのためには、

●学習内容の系統に沿った教材や問題を準備する
●つまずき、誤答とかかわる教材や問題を準備する
●学習状況を診断して、最適な学習内容を提供する
●多くの学習者の学習状況を記録し、最適化の判断に活かす

というようなことが背景となります。ＡＩドリルは、これをシステム化したものです。

自己調整的な学習

もう一つの意味は、学習者が自己の関心や能力に応じて、学習を調整することを

目指すという意味での「最適化」です。これを、「自己調整的な学習」と呼びます。自己調整的に学ぶために、資質・能力の三つの柱のそれぞれに対して、情報端末が強力な手段となります。

「知識・技能」では、学習指導要領総則に示された「言語能力、情報活用能力、問題発見・解決能力等」が重要です。これらは、何かについての具体的な知識・技能ではなく、それらを活用するノウハウが焦点となります。

情報端末には、このノウハウをサポートする機能があります。写真やビデオによって情報を集めることは、現実をありのままに切り取って知識として蓄積する重要なチャンネルです。ワープロ、表計算、データベースなどのアプリの活用手順は、情報を整理・分析するプロセスと紐づいています。デジタル・シンキングツールのアプリは、「比較する」「関連づける」などの「考えるための技」を可視化します。

「思考力・判断力・表現力」は、具体的な知識・技能やノウハウについての知識・技能を、学習の状況に合わせて適切に活用する力を指します。自分が持った考えを表現して共有したり、他者の考えと自己の考えを組み合わせて新しい考えをつくり出したりするようなことです。

考えを持つというのは、知識や情報を俯瞰して、そこから何が言えるかをつくり出すプロセスです。使えそうな知識や情報を一覧すると、それがやりやすくなります。

ここでも情報端末のデジタル・シンキングツールが有用です。プレゼンテーション機能は、表現のための強力な道具となりますし、考えを共有するためには、通信機能が欠かせません。これまでは、他者の発表を聞いて、大事なことをメモして自分の考えに組み込んでいましたが、プレゼンテーション資料だけでなく、その元になっている知識や情報をそのままやりとりでき、それを自分のものと組み合わせることができます。

そしてその際、手元の情報を一から書き直す必要がありません。削除・追加をすることで、簡単に改訂ができます。しかも、そのプロセスをすべて記録することができます。

これが、「学びに向かう力」の原資となるのです。どのように学習を進めてきたか、どのように考えを改訂してきたかを、いつでも見直すことができます。学びに向かう力は、自己の学習について「見通し」、学習を「ふりかえって改善し」、成果をさまざまなことと「関連づける」ことです。

毎時間の授業において考えを深めていったプロセスを、デジタル・シンキングツールなどに記録し、ふりかえりも添えておく。それを、定期的に見直して、どのように学習を進めてきたかを視覚的に整理する。そして、次の学習への見通しを立てて、学習に進めていく。単元が終わったら、全体を見直して、実社会・実生活と関連づける。このような学習が、情報端末を用いることで非常にやりやすくなります。

自己調整的な学習は、「主体的・対話的で深い学び」ともかかわって、まさに新学習指導要領における核とも言えるものです。そして、それは一人ひとりが情報端末を持って、学習のプロセスを記録することによって、実現できるものだと考えます。

ＩＣＴを活用した協働的な学び

伏木　久始（信州大学教授）

「協働的な学び」をめぐる今日的な期待

２０１７年３月に公示された現行の学習指導要領において「主体的・対話的で深い学び」の実現に向けた授業改善が求められたことに対応し、全国の多くの学校で校内研修のテーマにこれらのキーワードをあてはめた研修会が企画されるようになりました。それから３年間の移行期間を経て、２０２０年度より新学習指導要領に即した教育課程が実践されることになっていましたが、新型コロナウイルス感染症対策に大きな影響を受け、学校教育にも〝三密〟を避けての新しい生活様式が求められたことで、「対話的な学び」のあり方に学校現場の先生方はさらに悩むことになりました。

そして、ＧＩＧＡスクール構想が前倒しされ、1人1台タブレットの配備の進捗に伴ってＩＣＴの活用は今や教育現場での必須条件になりつつあります。こうしたなかでとりまとめられた中教審答申第228号（2021年1月26日）では、「令和の日本型学校教育」の構築を目指して、「個別最適な学びと協働的な学びの実現」が謳われ、ＩＣＴが個別最適な学びに有用なツールとして意味づけられ、その活用がさらに推奨される流れになっています。

このような経緯を経た「これからの教育」の議論は、主体的・対話的で深い学びの実現を前提として、個別最適な学びと協働的な学びをどのように捉えていくことが望ましいのか、「個別最適な学び」と「協働的な学び」をどのように関連づけていくのかということに焦点化されていくことになるでしょう。また、ＩＣＴを活用した個別最適な学びの実践事例が盛んに紹介されるようになってきたことに対して、協働的な学びの質を高めるようなＩＣＴの活用方法が今後ますます研究されていくことでしょう。

本稿では、「個別最適な学び」と「協働的な学び」は一体的に位置づけられてこそ学びの質が高まるという立場から、ＩＣＴを活用した協働的な学びの具体的なイメージを説明したいと思います。

協働的な学びを支える個別の学び

「個別最適な学び」は一斉型授業の限界を補うものであり、子どもの多様性に即した個の学びを保障するもので、個別学習の形態をとることが一般的です。その目的は、必ずしも個々人の独立した学習活動を充実させることに限定されるわけではなく、集団での学び合いを充実させるために、その成員である一人ひとりの個性的な学びの成果を持ち込み合うことを前提にする場合もあるのです。個の学びを充実させた一人ひとりが「協働的な学び」に参加することで、集団思考の質が高まり、個の学びが深くなると理解すべきです。とくに、ＩＣＴの飛躍的な発達により、同じ場所に集合しなくても協働して取り組む学習活動が可能になったことで「協働的な学び」の意味合いが今後ますます変化してくるように思います。

その前に、「協働的な学び」についてもう少し理解を深めたいと思います。学習者同士の協働的な学びは、それぞれの考えを深める契機にもなりますが、一人ひとりのレディネス（対象となる学習内容に関しての学習者の予備知識や心身の機能の状態）がその学習課題に対して準備不足の段階では、協働する意義が半減する場合があります。従来の一斉学習のなかには、何らかの学習材を子どもたちに提示し、その材に関する最低限の知識や課題意識が共有される前から、学級全体あるいは小グループごとに考え合う指示が出されるケースが少なくなかったと思います。多様な子どもたちが〝一緒に考える〟学習場面を取り入れることで、「協働的な学び」が実現されていると理解していた先生方も少なくなかったように思います。そのような形式的な集団思考を通して、全員がしだいに共通理解できるかのような指導者側の期待を込めた思い込みがあったと思います。

しかし、「協働的な学び」に参加する学習者がそれぞれの学びを深めていくためには、その学習材に関する予備的知識や前提条件となる技能等を、事前に自分のペースで自分に合うかたちで獲得しながら、課題意識を自分なりに高めてからそれぞれの考えを交流し合うことが肝要です。学習内容にかかわる自分なりの先行経験や、考え合うための共通基盤としての最低限度の知識等を個人差に応じて事前に獲得させておくことは、共同学習の場面だけで指導するには無理があるため、学習者ごとに自律的に学ぶ機会を確保することが必要です。そのために「個別最適な学び」を位置づけると理解すべきでしょう。

学習者は、自分なりの追究を深めていく過程を通して、「自分の考えを仲間に伝えたい」「聴いてもらいたい」と願い、「自分の追究に対する仲間の考えを知りたい」と思うようになり、それと同時に「他の人の追究を知りたい」と対話を必然的に求めるようになります。そうしたニーズに基づいてこそ、「協働的な学び」が意義を高めることになるのです。

ICTを活用した協働的な学びの実践

ICTを活用した協働的な学びにはさまざまなタイプのものがあり、アプリケーションソフトの開発が進むにつれて、その可能性はますます進化しています。ここでは、タブレットPCを活用する事例と、クラウドIDを活用する事例に分けて、主な実践イメージを紹介したいと思いますが、もちろん両者を関連させることも有効な学びとなります。

(1)　タブレットPCを活用する事例

①自分自身では見えない自分の姿が客観視できる

体育のマット運動の単元で、たとえば後転の練習をしている動きをペアの子どもがタブレットPCで動画撮影し、その映像を見合うことで、自分の手のつき方や足の上げ方などがリアルに客観視でき、どこをどう改善すればよいのかをペアの子と対話しながら取り組むことができます。または上手にできている子の身体の動きを撮影して、他の子どもたちにイメージさせることもできます。しかも、その動画は何度も繰り返し再生できるし、静止してポイントとなるシーンをチェックすることもできるため、協働的にも個別的にも学べるツールとなるのです。こうした身体の動きを練習する場面は、球技や水泳や陸上競技など多様な単元で不可欠ですから、体育の授業においてＩＣＴを活用した協働的な学びに有効です。

②実験・実習の作業内容を確認・検証する際のエビデンスが得られる

理科の「ものの溶け方」の単元で、水溶液の様子が温度の上昇や下降にともなってどのように変化するのかを、温度計の目盛りとビーカーの様子を動画で記録することで、時間経過も含めて実験データが得られます。溶かす物質や指示薬を一度しか使えないケースでも、動画に記録することでそれぞれの場面での物質の状態をグループごとに話し合う際の大事な映像資料になります。同様に、中和滴定や電気分解などの単元でも、実験結果のみならず実験装置の組立手順の妥当性を考え合う際にも有効なエビデンスになります。

こうしたタブレットＰＣを活用した作業内容の録画は、家庭科の調理実習や技術科の製作、音楽の合奏練習での音の重なり方、書道の筆の動きなど、特定の場面の事実（シーン）を後で視聴することができるツールとして有効であり、協働的な学びに活用することが期待されます。

(2) クラウドーDを活用する事例

机を合わせてグループのメンバーが向かい合わせとなり、模造紙を広げて「りんご」からイメージすることを付箋紙に書き出し、KJ法でカードを整理するという協同作業を行ったとします。イメージマップとかマインドマップと称されるものをグループで協同製作するという場合、付箋紙の色を途中で換えることはできないし、マジックで書き込んだ文字を修正することもできません。しかし、オンライン上でのデジタル空間では、付箋の色も文字の大きさも字体も色もすべて修正可能で、マジックや紙等を準備する必要もありません。

次頁の**図**は大学生のオンライン授業で実践したものであり、データはクラウド上に蓄積されています。4人ずつのグループのメンバーはそれぞれの自宅から指定したURLにアクセスして、同時に同じデジタルファイル上で付箋を貼り付け合ったものです。これはWeb会議システム（Zoom）に全員（64人）がログインしたうえで、Googleスライドを共有して行った授業でしたが、Zoomのブレイクアウトセッションという機能を使って４人だけの個室で話し合いながら作業をさせたのです。画面左側に表示されているとおり、他のグループの進捗状況もわかるので、対面授業で教室内を動き回るよりもスムーズに情報共有が可能になります。こうしたことは、全員分のクラウドＩＤを教育機関ごとにそれぞれ取得すれば可能になります。学校関係であればクラウドＩＤは無料で取得できますが、学校単位ではなく、自治体ごとに共通のＩＤルールをつくって登録ができれば、小学校から中学校へ進学しても同じＩＤを使い続けることもできます。

　こうしたクラウドＩＤを活用できれば、授業におけるＩＣＴの活用可能性が広がるばかりでなく、家庭学習と授業との効果的

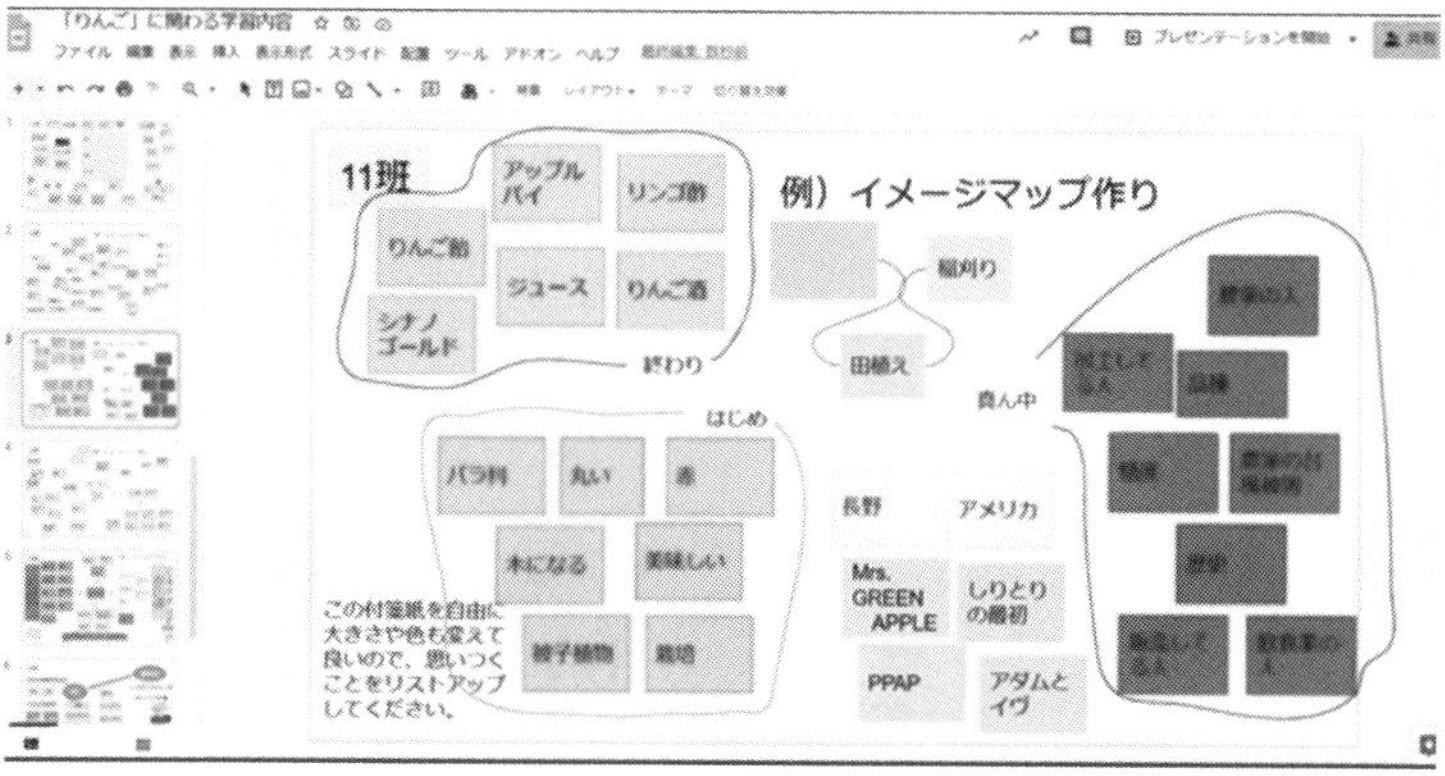

図　KJ 法でカードを整理する協同作業

な連携や、個別最適な学びと協働的な学びとの一体的な充実にも大きく貢献できることになります。

近年、多くの学校で活用されているのがGoogle Classroomというアプリですが、授業の予定を示したり、授業で用いる資料を先生が事前にアップロードして、子どもたちがそれぞれの環境で手元にダウンロードして準備できたり、課題を提出させたりテストを実施したりもできます。また、Googleスプレッドシートなどのアプリを使って授業のふり返りを書かせて（入力させて）学級のみんながどんな授業感想を持ったかを一覧で確認することも可能になります。さらに、オンライン上のホワイトボードの役割を担えるGoogle Jamboardを使うと、同じシートにみんなで書き込み合うことができ、Google検索から画像なども簡単に取り込むことができます。これには手書き入力機能や図形認識機能も備えられており、タッチペンで描画して指で消すこともできて、作業結果はクラウドに自動的に保存されます。

これらはほんの一例であり、無料アプリも有料アプリもさまざまなものが開発されています。子どもたちの学習意欲を高め、協働的な学びを促進させるツールをどのように活用するかが、先生たちに求められている課題になっていると言えるでしょう。

校内で一番苦手な教職員も使えるための第一歩

小柳和喜雄（関西大学教授）

1人1台環境の意味・意義の共有

コロナ禍で、私たちはさまざまな問題に遭遇し、その対策に取り組んできました。今まで当たり前であったこと、意識していなかったこと、意識していたけれども具体的な対応策まで講じていなかったことが、壁として立ちはだかったことはなかったでしょうか。

たとえば、子どもや家庭と連絡をとるとき、学校から電話をすることが通例であったことがあげられます。しかし教員も自宅待機の状況になると、どのように連絡をとったらいいのか、個人持ちの電話でいいのか、など、新たにルールを決めないといけないこともあったと思われます。

「学びを止めない」ということにかかわっても、学校でいろいろと工夫がなされてきました。しかし自治体によっては、一律にそろえた取り組みを行うことが通例であった場合、状況に応じて柔軟に学校で独自に行うことができにくい。上部組織から止めが入る。よかれと思う取り組みがあっても、即時遂行には躊躇を感じることもあったかもしれません。

しかし緊急時に、子どもに安全・安心を保証（不安感を削減）し、学校や教員と家庭が複線的なつながりを持てる環境を確保することがいかに重要か、このたび感じられたのではないでしょうか。学校での対面による教育活動が当たり前でないときも、想定したテクノロジーの活用の意義や意味をあらためて職員全員で確認し、話し合っておくことがまず重要となります。

校務利用と授業での利用の関係づけ

授業でテクノロジーを活用することに、不安を感じたり、または必要感をあまり感じていない教員も、常日頃の校務関係の業務（書類を作成する、調べものをする、写真や記録をとり蓄積する）では、それを使っていることも多いのではないでしょうか。そのため、授業でのテクノロジー活用に腰が重い教員には、校務でのその利用経験と授業である教育活動をする場合の利用の仕方が似ていることを取り上げ、利用の関連づけを経験してもらうことが重要となります。

たとえばコロナ禍において、健康チェック、生活の様子の確認、小テストなどで、Googleフォームを活用し、子どもの様子を把握しようとした報告をよく見聞きしました。このような利用は、校務でもよく行われる調査やアンケート、小テスト作成などの業務と重なってきます。

そのため手始めに、教室で1人1台環境が使えるようになったら、Googleフォームを使って、子どもに問いを投げかけ、それに対する応答をボタンで選択してもらう。その集計結果をすぐにクラスで共有し、それをもとにみんなの考えを確認し話し合いをはじめるなど、利用の実感を、教員と子どもが体験することを薦めてみてはどうでしょうか。

またこのGoogleフォームを使って、子どもの悩み相談に応じたり、授業の小テストでそれを使ったりすることを薦めてみてはどうでしょうか。記録や集計は自動で行えるため入力の手間を省け、それによって子どもへの応答もしやすいことから、利用の便利さを教員が感じる機会になると思われます。また子どもたちも、操作に慣れるきっかけになり、学校に来られないときの連絡ツール利用の原体験となります。

さらにいえば、子どもたちが、その後、探究的な学習活動を行うような機会に遭遇したとき、この経験を通じて、Googleフォームを用いてアンケートをとるといった学習活動を実際に行えるきっかけになります。

次に、学校にデジタル教科書や活用できるデジタルコンテンツがあるならば、それを用いることを薦めることがあげられます。そして教員が授業で使いたいさまざまな資料やコンテンツの情報などを子どもの端末に送信する。一人ひとりの子どもの端末から教材へのアクセスを可能とする。子どもが端末のカメラを使って学習の記録を残す。教員と子ども同士が情報を共有したり、それぞれ送受信できたりするようにする。これらのことから入ると、苦手に感じている教員も、その便利さや、印刷の手間がかからないことなど、その手応えを感じてもらうことができます。

しかし、ここでおさえておくべきことがあります。校務利用のときと同様に、授業での利用においても、使うときにいくつかの準備がいる、またトラブルが起こっても人に聞けないとなると教員に敬遠されることです。そのため、すぐに使え、利用ルールが誰にでも明確な利用機器環境の常設化を図ることが重要となります。そしてよく出合う問題とその対策、利用のルールなどを、ラミネートされた表裏一枚のものにまとめ、常設化された機器のすぐそばに配置や掲示することです。さらに、学校内で、誰と誰が支援できる、などを明確にした支援体制の構築を進め、苦手としている教員が聞きやすい環境をつくることが重要となります。

ICT活用とかかわる教員研修

ICTが苦手と感じている教員も含めて、「仕事が早く進む」「負担が軽くなる」「楽しそう」「知りたい」「こんなことをやってみたい」といった教員が持つ期待やニーズに応える経験を少しずつでも積み上げていくことは、学校組織の教育力やそれに向けての士気を高めていくうえで重要となります。

そのため、頭で理解することにとどまらず、体験ができる研修を考えていくことが重要となります。実感を伴う研修、つまり模擬的にある場面を取り上げて一緒にやってみるショート場面研修をしていくことが意味を持ちます。

英会話の番組などに見られるスキットをイメージしてみてください。実際にある場面での基本行動を模倣して自分でやってみる機会をつくり、それに自分（のクラス）ならというアレンジも必要に応じて組み込んでもらい、手応えや見通し、よく起こる失敗への対応について、経験してもらいます。
たとえば、道徳の授業で、1枚の写真「ハゲワシと少女」を見せて、それに対して、自分はどのような立場か、短いコメントを書いて、自分の立場を示し、話し合っていく学習場面を取り上げたとします。

Google Jamboardを使って、横に線を1本引いて、「左が少女を助ける、右が写真を撮る」とし、その線の間を均等に10段階に分け、自分はどの位置の立場か、その理由をカードにコメントを書いて、好きに配置していくように子どもに指示を出す場面とします。教員として、①子どもたちが考える状況に入れるように写真をどう見せるか、どう問いかけるか。②Google Jamboardの利用についてどう説明するか。③話し合うために、Jamboardをどう使うか。教員研修で4人くらいのグループに分かれて、教員自身が教員役と子ども役に分かれ、1人1台環境下の授業場面をシミュレーションしながら研修を行います。4人でローテーションで役割を体験し、授業者と学習者の両方の視点からその授業場面を考えるようにします。

うまくJamboardにコメントが書けない子がいたらどうするか。コメントに書いてもらう時間は何分がいいのか。3段階ステップにして、最初は2分くらいで、書ける児童が書いているものをスクリーンに映して、このように書いたらいいんだというイメージをクラス全体に伝える。２回目はある程度出そろったら（それからだいたい３分後）、話し合いを始める。３回目は話し合って、自分の立つ位置を変更する場合、それを変更する機会を設け、クラス全体でまた話し合う、など。さまざまな授業イメージを出し合う際に、ＩＣＴを実際に使う体験を通しながら行います。

　上記のような研修は、この場面を通じて指導イメージやそこでの子どもの姿を自由に話し合う機会になるだけでなく、他の授業の話し合い場面を教員がイメージする機会にもなり、教員の主体性を喚起します。教育のプロとしての心に火を灯すことにつながります。

　これまでの研修の財産で上記のこととかかわる研修があれば、それを整理し、意味づけ、関連づけ、周知すると追加の負担感も軽減され、学校の文化づくりにも寄与できる取り組みとなります。

ＩＣＴを使いたがらない教職員への対応

小柳和喜雄（関西大学教授）

学習の基盤としての情報活用能力へ着目

学校では、新しい学習指導要領が目指すこととかかわって、三つの資質・能力について研修を通じて理解を深めてきたと思います。学校の研究目的を、主体的・対話的で深い学びに向けた学習過程の改善に定め、この間、授業研究等をされてきた学校も多いと思います。

しかし、このたびの学習指導要領に明記された「学習の基盤」として、三つの資質・能力である「言語能力」「情報活用能力」「問題発見・解決能力」について、学校の全体指導計画に意識的に組み込んで研修を進めてきたという学校は、前述の二つに比べると多いとは言えない気がしています。なぜこのことに触れるかというと、それが学校全体でＩＣＴの活用に取り組むことと密接にかかわってくるからです。

授業におけるＩＣＴの活用について、教員が「教具」として用いることはこれまでも行われてきました。授業をわかりやすくする工夫として、必要とする教員が目的や内容に応じて用いることがありました。その場合、そのＩＣＴ活用スキルも教員が身につけていればよかったことでした。そのため、ＩＣＴの活用が得意な教員が授業で用いているという印象が強かったと思います。

一方で、ＩＣＴを用いなくても、その授業で目指すことに子どもたちを導ければ、それで教員の役割、責任としては問題なく、自治体や学校で積極的にその活用を推進しない限り、その選択は教職員に託されていたことが多かったと思われます。

しかし、ＧＩＧＡスクール構想によって学習者が1人1台の機器を活用できる環境が整ってくると、その状況が変わってきました。つまり、主体的・対話的で深い学びに向けて学習過程の絶えざる改善を進めていく際に、「学習具」としてＩＣＴ等を児童・生徒が活用することが期待されることにより、その状況が変わってきたのです。すなわち、児童・生徒が学習目的や内容に沿って学習活動を進めていくために、ＩＣＴ活用スキルを含む情報活用能力を育成することが求められてきたからです。

「私は、ＩＣＴを用いなくても、その授業で目指すことへ子どもたちを導ける」というのは、教科等の学習内容とかかわることについて述べています。それは授業でＩＣＴを用いない理由として共感や理解を得てきました。

しかし、児童・生徒自身に学習の基盤として、情報活用能力を身につけさせていくという教育責任に目を向けると、それは学ぶ機会を保証していないのではないかという問題と遭遇することになりました。つまり、私が教員として授業でＩＣＴを使う使わないという問題ではなく、児童・生徒がＩＣＴを使って学ぶ機会を教員として保証できているかどうかが問われてきていると言えます。この意味や責任をあらためて教職員全員で確認し、話し合っていくことがまず重要となります。

情報活用能力の育成を指導計画に視覚化

情報活用能力の育成について学校で責任を持って指導していくためには、まず各学年、各教科の指導計画のどの単元が、情報活用能力の育成と親和性があるのか、関連づけ、視覚化をする必要があります。

高等学校の場合は、教科として「情報科」があります。中学校は、関係が深い教科として技術・家庭科があります。その科目をコアとしながら情報活用能力の育成を全体指導計画に位置づけて考えていくことが可能と思われます。

しかし小学校の場合は、コアとなる教科がありません。ＩＣＴ活用スキルの指導を含む情報活用能力の指導時間を、単独で、教育課程の全体指導計画のなかに位置づけていくことは、ほかにも多くの資質・能力の育成が求められていることもあり、教職員の合意を得ることは容易でないと思われます。そのため、たとえば教科学習の指導と情報活用能力の指導とを重ねて指導できる内容の選定をすることが必要となると思われます。

たとえば、次のような進め方が考えられます。

小学校の低学年の場合、ＩＣＴ機器付属のカメラを利用して、観察力や表現力を育てる。生活科の時間に観察したことをカメラで撮影し、それを用いて語る時間をつくる。中学年の場合、国語や外国語活動、体育で、音読や発話、自分の行動が変化していく様子を二人ペアで撮影し合い、気づきをペンがあれば手描きで、なければソフトウエアキーボードなどを使って映像に描き込む。その記録をもとに互いの成長を振りかえって学び合う。高学年の場合、社会科や理科でインターネットなども活用しながら調べ、実験で記録したこと、考えたことを、アプリケーションを利用して整理する。そして、その情報をもとに知識を自分で、また友だちと見せ合いながら構築していくプロセスを、体験を通じて学ぶ、などです。

このような進め方について合意形成していくには、学年ごとに指導計画を見つめ、以下の話し合い、確認を行うことが重要となります。ある単元のある学習活動のときは、ＩＣＴを活用して学ぶことと教科の目的や内容に齟齬がない。むしろそれによって、学びを確かに豊かにできて、そのうえで児童・生徒が情報活用能力を磨いていく機会となる。その学年で体系的に、螺旋的にその力を育成していくことができるなどです。こういった見通しを、年間指導計画に色づけやメモを入れて、各学年団がイメージを共有していくことが重要となります。

学校全体で、各学年の年間指導計画のどこで、情報活用能力の育成を意識して取り組むのか。そこで1人1台がどのように活用されるのか。学校全体で共有できていると、各教員もその役割と責任を認識でき、学校で組織的に、体系的な指導が可能となります。

また自治体によっては、小学校と中学校の指導を連携させ、体系的に情報活用能力の育成など学習の基盤としての資質・能力の育成に応えていこうとしているところもあると聞きます。このような中長期的な見通しをもとに、児童・生徒を指導していく全体指導計画を立て、教職員全体が具体的な指導イメージとその指導の責任を意識できるようにすることが意味を持ちます。

一人ではなくチームで取り組む

実際に運用するときは、学年団を基本単位として進めます。単級の学校の場合は、あるまとまりを決めて小集団で取り組むことが重要となります。個々人で責任を持つ場合、取り組みの優先順位に個人の事情で差が出てきます。また学校全体でというと、困ったときに尋ねる担当教員に負担が集中し、相互に遠慮が出てしまいます。しかし、取り組む課題が同じである場合、自分事の問題となり、一緒に考えることに値打ちが感じられ、フットワークが軽くなります。

そのため、指導計画を一緒につくった学年団を単位にして、情報活用能力の育成、1人1台の学習環境を活かすことが進みやすくなります。ただし低学年の教員は、どのように使うのか、それに意味があるのかなど、戸惑うことも多いと聞きます。そのため、学年団の自主性には任せても、丸投げせず、定期的に職員会議の場で、取り組みの様子をお話ししてもらう機会を持ったり、具体的な指導イメージが持てるように情報提供をしたり、相談にのることは必要となります。

実践で教員が手応えを感じる場をつくる

情報活用能力の育成とかかわって、1人1台の学習環境を活かすことが、「子どもが変わってきた」「最初の頃より指導の負担も軽くなってきた」「教科の学習に成果が出始めた」といった教員の声を引き出し、互いに共感し合える場をつくることが重要となります。

しかし、よく聞く話として、1人1台の機器は学校にそろったが、インターネットを活用するうえでそのスピードが遅くて使えないという問題があげられています。ここで重要となるのは、だから使えないという雰囲気をつくらず、むしろ問題を共有しつつそれを解決する方法を考える雰囲気を教職員の間につくっていくことです。

それには、月末の職員会議など各学年団から、取り組みの経過や手応え、苦労話、工夫の知恵などの話を聞く短い時間の場をつくることが有効となります。教員の主体性を喚起し、教育のプロとしての心に火を灯すことがここでも重要となります。

デジタル教科書の学習効果を問う
――紙とデジタルの使い分けに向けて

柴田　博仁（群馬大学情報学部教授）

メディアを捉え直す

教科書の内容（コンテンツ）の重要さは言うに及びません。では、コンテンツの入れ物（メディア）はどうでしょうか。内容が同じであれば入れ物は何でもよい、と考えている人も多いかもしれません。メディア学者のマクルーハンは「メディアはメッセージである」と述べました。メディアは時にメッセージ以上の影響力をもちます。内容が同じでも、表示するメディアが異なると人の印象や解釈は異なり、メッセージと対峙する姿勢そのものが変化することもあるのです。

2024年度のデジタル教科書の本格導入を目指して、文部科学省は教育のデジタル化を急ピッチで進めています。紙の教科書をデジタル教科書で完全に置き換えるのか。それとも併用か。併用なら、どこでどう使い分けるべきか。教育現場の悩みの種は尽きないことでしょう。

政府がデジタル化を推し進めていることから、現在の教育研究の中心テーマはデジタル機器の有効な利用方法の探索だといいます。デジタル機器が教育の幅を広げることは間違いありませんが、デジタル化で失われる学びもあるはずです。後者を探索する必要もあるでしょう。

筆者はこれまで計算機科学や認知科学の学問領域を背景に、オフィスワーカーを対象に、メディア（紙、ディスプレイ、タブレットなど）が読み書きのパフォーマンス（スピード、理解度、記憶量など）に与える影響を実験的に調べてきました。①結果として、文書を見るだけでなく、手を使って文書と頻繁にインタラクション（ページをめくったり、書き込みしたり、なぞったりなど）する状況では、電子メディアに対する紙の優位性が顕著に示されることを見てきました。

教育の読み書きでは、文書（教科書）とのインタラクションが頻繁に行われます。また、メディアは読み書きの姿勢や思考スタイルにも変化を及ぼします。読み書きの能力が確立されていない子どもでは、その影響は大人以上に大きなものになることが予想されます。

最初に述べておきますが、デジタル化は間違いなく教育の幅を広げます。しかし、デジタル技術の使い方には注意が必要です。デジタル技術の大きな利点の前に、ともするとデジタル一辺倒になりがちな世の中の動きに対して、本稿は警鐘を鳴らしたいと考えます。技術の利点は常に、別の側面から見ると欠点になります。万能なメディアは存在しません。個々のメディアの特性を理解したうえでのメディアの使い分けが必要だと考えます。

デジタル教科書の是非を問うには、導入コストや子どもの健康への影響を含めた多角的な考察が必要です（詳細については参考文献②）。本稿では、教育の質を語るうえで最も重要と考えられる子どもの学習効果への影響に焦点を当てます。

以降では、認知科学の観点から見たデジタル教科書への４つの懸念を述べ、教育現場での紙とデジタルの使い分けを考えます。

デジタル教育への懸念

（1）複数教材の比較が困難

最初に、デジタル端末では複数の教材を並べて比較することが困難です。断片的な情報を受け取るだけなら単一画面で十分ですが、学習では関連する情報を結びつけて知識として体系化しなくてはなりません。この際、重なりや位置関係を調節して複数の資料を頻繁に比較・参照する必要があります。そこで、個々の資料を別々に手で直接操作できることが望ましいのです。

かつて筆者は、複数の文書を相互に参照して誤りを見つける実験を行いました。その際、紙での作業はディスプレイ環境での作業に比べて作業効率が20％以上、誤り検出率も10％以上高いという結果が示されました。[3]

(2) 扱いにくさが思考を妨げる

次に、デジタル端末では操作性に難があり、思考が妨げられることがあります。学習では、ページをめくったり、書き込んだり、なぞったりなど、手を使うことが多くあります。その際、現状のデジタル機器は操作性に問題があり、思考が中断されることがあります。操作が視覚に依存していて、操作時に手元を見る必要があるためです。[4] これにより、考えながら操作することがむずかしくなります。

さらには、タブレット端末ではタッチ操作により意図しない誤動作が生じる可能性があります。そして、読み手は画面に触らないよう意識し、校正での誤り検出率が低下することもありました[5]。ページをめくるという単純な行為ひとつ取り上げても、タブレットでのページめくりは、紙の書籍でのそれに比べて認知負荷が高いことが実験的に確認されています[6]。個別の操作が思考に与える影響はわずかですが、操作が頻繁に発生すると作業全体のパフォーマンスの低下につながります。

一方、紙の文書の取り扱いでは、物理的実体（モノ）に対する手での直接操作になります。人はモノの操作に慣れ親しんでいるため、操作中でも文書を読んだり、考えたりする行為を継続できます。モノの性質によって支えられた紙の利点をデジタル技術で代替することは、現状では簡単でありません。

デジタル環境での操作性の問題の例として、旅行計画を練る状況を考えてみましょう。何度も行ったことのある土地勘のある観光地であれば、スマホやタブレットでの閲覧で十分だと思います。むしろ、膨大な情報から検索できるインターネットの活用は外せないでしょう。

ですが、初めて訪れる場所なら紙のガイドブックで見たいと思ったことはないでしょうか。観光プランの立案では、地図、観光スポット、レストランなどの情報を何度も比較検討しなくてはなりません。そこで、異なるページ間を行き来したり、後で参照するためにページの角を折ったりします。デジタル機器では、こうした行為がしづらく、行為のたびに思考が中断され、観光地の全体像の把握が困難になるのです。

(3) 注意をそらす

第三の懸念は、デジタル教科書に注意をそらす要因があることです。PCやタブレット端末でおなじみのメニュー、アイコン、カーソルなどは、注意を引き付けるため、集中の阻害要因となります[⑦]。

この問題は、設定を工夫すればある程度回避できますが、PCでのマウスカーソルは消せません。タブレット端末では、何気なく画面に触ることで、メニューやアイコンが表示されることがあります。さらに、より騒がしく注意を引き付けるものとして、アラート、メッセージ着信、広告のポップアップなどもあります。

また、デジタル機器は複数の作業を同時に行うマルチタスク、いわゆる「ながら作業」を誘発します[⑧]。インターネット検索、メール、SNS、ゲームなどの誘因性のあるソフトウェアが多数存在し、それらへの切り替えが容易なためです。

(4) 思考モードを変える

第四の懸念は、デジタル教科書が思考モードを変える可能性があることです。インターネット上の膨大な情報やデジタル機器の対話的なユーザインタフェースにより、子どもが検索とトライ＆エラーでの問題解決に慣れてしまう危険性があるのです。端的に言えば、デジタル機器を目の前にした瞬間に、子どもが自分の頭で考えようとしなくなる可能性もあります。

また、アプリケーションが提供する文字装飾やレイアウト、図形等の豊富な整形機能により、子どもが考えることよりも表現形式の整形に凝ってしまう可能性があります。たとえば図形を描画する際、コンピュータで描かれる幾何学的に整った絵を見ると、見た目や配置の美しさに注意が向いてしまいます。そして「何を描くか」「何を解決すべきか」という本質的な思考から逸れて「どう綺麗にするるか」という整形作業へと思考モードが遷移しがちです。

とくに、考えることに疲れたときなどは、見た目を綺麗にしただけで学習したと思い込み、これにより誤った満足感を得てしまう危険性もあります。

メディアの使い分けの考察

これまでの議論をふまえ、少なくとも現段階では、子どもに集中してじっくりと考えさせる場面でデジタル機器を利用することは望ましくないと考えます。複数の資料を同時に閲覧・比較することは知識を体系化するのに欠かせませんが、現状のデジタル環境はこれをサポートしていません。また、デジタル機器は操作の認知負荷が高いために、考えながら作業すると思考が分断されます。注意を引き付けて集中を阻害し、マルチタスクを誘発しがちです。加えて、子どもが検索とトライ&エラーでの問題解決に慣れてしまう危険性があり、子どもの思考を誤った方向に導く可能性もあります。

一方、デジタル機器には紙では提供できないさまざまな利点があります。その多くは他の文献で紹介されているため簡単な説明にとどめますが、文字や絵の拡大、動画や音声の再生、テキストの読み上げ、辞書やインターネットの活用、意見の集約、自動採点などがあげられます。とくに、英語の発音の確認、漢字の書き取り、選択や穴埋め問題等の実施については、学習者のペースで何度も繰り返せるというわかりやすい利点があります。また、教師の日常業務（授業の進捗管理、児童・生徒、保護者、同僚とのコミュニケーションなど）の効率化も可能でしょう。

それでも、現段階では、デジタル機器の有効利用の探索は、子どもにじっくりと考えさせることを意図しない状況に限定すべきだ、というのが私の主張です。加えて、集中した読み書きの支援に際して、現状のデジタル機器に問題があることは本稿で述べたとおりです。今後、デジタル機器のユーザインタフェースの改善も必要であろうことも付け加えておきます（その方針については文献⑨を参照）。

〈参考文献〉

①柴田博仁、大村賢悟『ペーパーレス時代の紙の価値を知る――読み書きメディアの認知科学』産業能率大学出版部、２０１８年。
②柴田博仁「デジタル教科書の子供の学習効果への懸念――認知心理学の観点から考察」『印刷情報』２０２１年2月号、印刷出版研究所。
③柴田博仁、大村賢悟「文書の移動・配置における紙の効果――複数文書を用いた相互参照の読みにおける紙と電子メディアの比較」『ヒューマンインタフェース学会論文誌』12巻3号、２０１０年。
④柴田博仁、大村賢悟「ページ間の行き来を伴う読みにおける紙と電子メディアの比較」『ヒューマンインタフェース学会論文誌』13巻4号、２０１１年。
⑤柴田博仁、高野健太郎、田野俊一「テキストタッチが読みに与える影響――タブレット端末の利用がアクティブリーディングにもたらす影響の分析」『情報処理学会論文誌』57巻9号、２０１６年。
⑥高野健太郎、柴田博仁、大村賢悟「ページめくりの操作性に着目した電子書籍端末の評価」『ヒューマンインタフェース学会論文誌』14巻1号、２０１２年。
⑦ニコラス・Ｇ・カー『ネット・バカ――インターネットがわたしたちの脳にしていること』青土社、２０１０年。
⑧Baron, N.S.: Words onscreen: The fate of reading in a digital world. Oxford University Press (2015).
⑨柴田博仁「メディアと読み書きの認知科学」『日本画像学会誌』59巻2号、２０２０年。

特別支援教育とＩＣＴ活用

近藤　武夫（東京大学先端科学技術研究センター准教授）

特別支援教育とは、特別な場所に行かないと得られない特殊な支援のことではなく、通常の学級でも同様に、障害や病気に関連したニーズのある子どもたちに提供される教育的な支援のことです。障害がないとされる児童・生徒であれば、誰もが当然参加するものと考えられている教育機会や活動をいくつか想像してみてください。基本的なことで言えば、教科書やプリントを読むこと、ドリルや計算問題を解いたり、ノートをとったり作文を書くこと、試験を受けること、連絡帳を使うことなどはすぐに思いつくでしょう。ほかにも、体育や家庭科、技術や情報の科目で、実技・実習に参加すること、社会科見学や修学旅行に行くことも思いつくでしょう。

障害のある児童・生徒も当然ながら、他の児童・生徒と同じように学ぶ権利を持つ個人です。しかし、障害があると、障害のある個人の参加を想定していない社会環境から生じた障壁（社会的障壁）に、参加を阻まれてしまう場面は少なくありません。たとえば、紙と鉛筆は、あらゆる教材の基礎として非常に便利に使われてきました。しかし、目が見えなかったり、読み書きに発達性の障害があったり、肢体不自由があってページめくりや鉛筆の使用がむずかしい児童・生徒にとっては、他の児童・生徒と同じ教育機会に参加することを阻む社会的障壁となってきました。実際、教科書や書籍を読んだり、試験問題を読んだり、解答したりすることをむずかしくさせていて、障害のある児童・生徒が学ぶ内容や進学先を左右するほどの障壁となっています。

ＩＣＴは、そんな社会的障壁を超えて、障害のある児童・生徒が学ぶ機会を保障するために、非常に有効なツールとして使われてきた歴史があります。冒頭にあげた「教育機会や活動」のさまざまな場面には皆、社会的障壁が存在します。しかし、それらの場面で社会的障壁をなくそうとする取り組みの数だけ、ＩＣＴの活用例があると言ってもよいでしょう。

ICT活用の具体例

ICT活用についての理解を助けるために、代表的な活用パターンをいくつか紹介します。

●ディスレクシア（読字障害とも言われる学習障害の一種で、印刷された文字を視覚的に認知して読むことに特異的な困難がある）や視覚障害のある児童・生徒が、音声読み上げ機能を使って教科書や資料の内容を読む

●ディスグラフィア（書字障害とも言われる学習障害の一種で、手書きで文字を筆記することに特異的な困難がある）のある児童・生徒がキーボード入力によってノートをとる

●視覚障害のある児童・生徒が点字ディスプレイやスクリーンリーダーを使って教科書や資料を読んだり、ノートをとったりする

●聴覚障害など聞こえに困難のある児童・生徒が、補聴システムを使って教員やクラスメートの話を聞く

●病気療養中のため長期入院中の児童・生徒が遠隔会議システムを使って授業に参加する

●肢体不自由のある児童・生徒がスイッチインターフェースなどのコンピュータアクセスをサポートする機器を使ってＰＣを操作し、教科書や資料を読んだり、ノートをとったりする
●構音や発話が困難な児童・生徒、また構音障害に加えて知的障害のある児童・生徒が、コンピュータに代わりに発話・発声させたり、文字ではなくシンボルにより言語的なコミュニケーションを支援したりする機器（例：ＶＯＣＡ）を用いて、他者と会話する

実はこれらのＩＣＴ活用例は、今を遡ること11年前、文科省の「教育の情報化に関する手引」のなかで示されていたものです。これらの活用法は、特別支援教育分野では古くから知られていました。しかし、学校の情報化が遅れてきたことと、障害のある児童・生徒だけに個別の異なる取り扱いをすること（ここではＩＣＴをその児童・生徒だけが使用すること）が、とくに通常の学級でむずかしかったことから、とくに通常の学級ではあまり広がってきませんでした。

しかし２０１２年、通常の学級にも発達障害（学習障害、自閉スペクトラム症、ＡＤＤ／ＡＤＨＤ等）のある児童・生徒が6.5％存在している可能性が文科省に

より推計され、障害に関連した学習支援ニーズがどの教室にもあることが知られるようになりました。同じ頃から、分離教育ではなく、インクルーシブ教育システムに日本の教育制度も移行していきました。さらに2016年には障害者差別解消法も成立し、合理的配慮（障害のある児童・生徒に、必要かつ適当な範囲であり、かつ、過重な負担でなければ、社会的障壁を解消するための個別の異なる取り扱いを認めること）が学校の義務または努力義務となりました。今後、GIGAスクールによるICT機器の充実によって、通常の学級を含めた特別支援教育でのICT活用はさらに広がるでしょう。

GIGAスクールと特別支援教育のICT利用

今回のGIGAスクールにより1人1台環境が生まれることで期待されることはいくつもあります。まず、特別に用意しなくてもそこに機器がある教室環境が生まれることで、通常の学級での特別支援ニーズに対応できる範囲が広がること（これまでは、特別支援学校等でなければ十分に機材が配置されていないなどの制限がありました）。次に、誰もがICTというツールを持つことで、障害のある児童・生徒だけが特別にICTを使って学ぶわけではなくなり、配慮を得ることに対するスティグマ（社会的烙印）が少なくなること。また、これまで、家庭の経済格差によりＩＣＴを購入することがむずかしく、ＩＣＴによる特別支援のニーズはあっても、自宅学習に困難さが残り続けていた児童・生徒にもＩＣＴが提供されることで、障害と経済格差という複合的な障壁を解消する可能性が生まれること、です。

とくに、学習者用デジタル教科書は、障害のある児童・生徒への不当な差別的取り扱いの禁止と合理的配慮の提供を基本とするインクルーシブ教育システム時代の利用を考慮して、学習障害や弱視など、通常の印刷物では読むことに困難のある児童・生徒を支援する機能（音声読み上げ、拡大、ルビ振り、フォントや背景色の変更、読み上げ部分のハイライトなど）が盛り込まれています。重要なポイントは、すべての学習者用デジタル教科書で、これらの機能が使えることです。医学的診断を受けておらず、教師からもはっきり気づかれていない状態にある、学習障害等に類する困難のある児童・生徒も、これらの機能を使える意義は大きいと言えます。

また、少し先のことになりますが、学校の試験、資格検定の試験、大学入学試験等で、ＣＢＴ（computer based testing）が今後拡大していくことも、これまで紙と鉛筆での試験に苦しんできた障害のある児童・生徒の社会参加を広げることが期待されます。ただし、そこでも、ＣＢＴのアクセシビリティ保障がなされることは不可欠な前提です。

残された課題とその解決

とはいえ、右記にあげた期待が、教室にＩＣＴ機器を放り込むだけで魔法のように実現することはありません。ＩＣＴを使い、他の児童・生徒とは異なる方法で学習する方法を教えてくれる場所や機会が必要です。たとえば通級指導教室ですが、他の児童・生徒と「同じ方法で学べるように訓練する」場所ではなく、ＩＣＴ利用を含めて、その児童・生徒に合った「学び方を学ぶ」場所となっていく必要があります。通級、通常の学級、特別支援教育コーディネーターが連携して、通級で学んだ学び方を、通常の学級での各教科の学習や、定期試験、家庭学習でも、スムーズに使うことができる学校にしていく必要があります。

そして地域は、特別支援学校によるセンター機能や教育センターに、各学校の通級や通常の学級、特別支援教育コーディネーターを支えて、ＩＣＴを活用したインクルーシブな学びを実現するシステムを備える必要があります。ことＩＣＴ活用については、ＩＣＴシステム運用の壁や、合理的とはいえないローカルな慣行や慣習の壁がそこかしこにあります。高校入試や大学入試など、試験でのＩＣＴ利用を許可していくことまでを視野に入れれば、個別の異なる取り扱いの必要性を客観的に示すためのアセスメントを、児童・生徒に対して誰がどのように実施するかという壁もあります。これらを単一の学校だけで越えていくことはむずかしく、各校を支える地域の仕組みが必要です。

また、読み書き等の困難のある児童・生徒が、教科書・書籍・試験・その他教材といった教育コンテンツにアクセスできるように支援するためには、タブレット等の機材だけがあればよいというわけではありません。デジタル化されていない紙の印刷物をアクセス可能なデジタル形式に変更する方法や、あらかじめアクセス可能な形式になっている教材（例：音声教材）を公的な資源などから入手する方法や手続きについての知識も必要となります。

右記を、個々の教員の努力だけに押し付けず、教員や学校を支えていく地域の仕組みをつくらなければ、特別支援教育分野での持続的なＩＣＴ活用の発展はないでしょう。一例として、京都府では、京都府総合教育センターが核となり、各地の地域支援センター（センター的機能を担う特別支援学校）が連携して、府内の通級や学校でのＩＣＴを活用した学び方や指導方法について、市町村を超えた事例共有や、アセスメント実施、研修や理解啓発の機会充実を支える仕組みをつくっています。

こうした地域の仕組みは、今後ますます重要となってくるでしょう。次頁の図にあげたＩＣＴ活用の概念を実現するためには、こうした地域全体の底上げとバックアップが重要です。

先端技術によるさらなる革新への期待

近年、深層学習やクラウドコンピューティングの進展により、音声を文字に変換する音声認識、画像認識（画像や動画を認識してその情景を説明する文に変換する）や音声読み上げ（Text-To-Speech）といった機能が英語のみならず日本語においても驚異的な進展を見せ、それら機能が障害に関する支援でも重要な位置を占めるようになりました。音声認識は、聴覚障害等のある児童・生徒や学生が、教員等の口頭での発話がリアルタイムに文字に変換された字幕を読みながら、他の聴こえる児童・生徒、学生とともに講義に参加するために使われていますし、鉛筆を使うことがむずかしい肢体不自由や発達性書字障害のある児童・生徒、学生が音声で文字を綴るためにも使用されています。ＴＴＳはＯＳデフォルトの機能となり、また年々流暢性を増していて、視覚障害や、ディスレクシア等のある児童・生徒、学生がウェブサイトを含めた文書内の文字データを音声で読み上げて耳で聞いて読む環

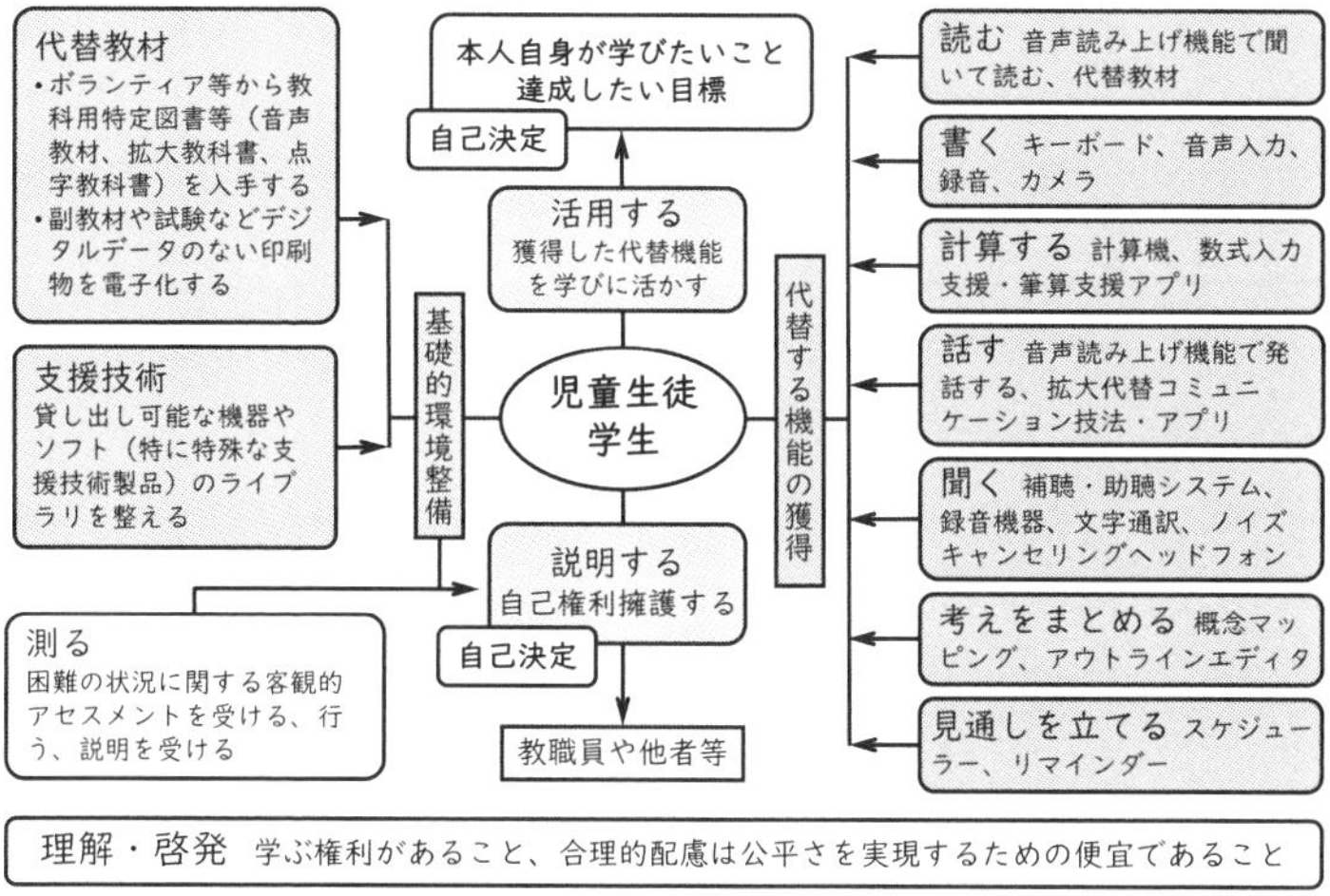

図　障害のある児童生徒・学生へのテクノロジー利用

※「学校でのICT利用による読み書き支援（近藤武夫編著、金子書房、2016年）」を一部改変

境を改善させています。画像認識や動画認識はまだこれからの技術でもありますが、その精度は急速に高まっていて、目の前の情景が見えなくても、それを音声でリアルタイムに説明してくれる機能が、実用的に利用できるようになる時代はすぐにやってくるでしょう。タブレットにとどまらず、ＩｏＴにより声だけで操作できるさまざまな情報機器や家電などの環境調整、ＶＲやＡＲ、３Ｄプリンタによる生成物など、二

次元の誌面や画面にとどまらないマルチモーダルな教材の発展は、多様な障害のある児童・生徒の学習参加の幅をさらに拡大するでしょう。

ただし、これらの先進的なＩＣＴの活用でも、本項の冒頭にあげた、「児童・生徒の学ぶ権利を保障するためにどのようなＩＣＴ活用が必要か」という視点を基礎に置く必要があります。この視点が欠けていては、紙の時代と変わらず、ＩＣＴを活用した教育活動のなかにも思わぬ社会的障壁をつくり込んでしまう可能性があるためです。ＩＣＴは、子どもたちが社会的障壁を超えて、学びの機会を広げ、ひいては将来の社会参加に夢を広げることのできる道具としてこそ、使われていかなくてはなりません。

〈参考文献・資料〉

①京都府総合教育センター「読み書きに困難のある児童生徒へのＩＣＴ機器等を活用した学習指導・支援の研究」（２０２０年）http://www.kyoto-be.ne.jp/ed-center/cms/?page_id=447

②文部科学省「教育の情報化に関する手引（追補版）」（２０２０年）

③近藤武夫「障害のある人々の受験」中村高康編『大学入試がわかる本――改革を議論するための基礎知識』（岩波書店、２０２０年、２８７~３０６頁）

④文部科学省Ｗｅｂページ　音声教材（２０１９年）
https://www.mext.go.jp/a_menu/shotou/kyoukasho/1374019.htm
⑤近藤武夫「ＩＣＴ利用の発展」柘植雅義、インクルーシブ教育の未来研究会編『特別支援教育の到達点と可能性』（金剛出版、２０１７年）
⑥近藤武夫編著『学校でのＩＣＴ利用による読み書き支援――合理的配慮のための具体的な実践（金子書房、２０１６年）
⑦文部科学省「教育の情報化に関する手引」（２０１０年）

ＩＣＴ機器が苦手な障害のある子どもへの配慮

田中　裕一（兵庫県教育委員会事務局特別支援教育課副課長）

障害の有無にかかわらず、10年後の社会でこれまで以上にＩＣＴ機器を活用する能力が求められることになる、ということに反論する人はいません。また、機器を活用することが、障害のある子どもが学習を効果的に進めることができ、子どもたちの将来の自立と社会参加につながるものであるということも、本書を読んでいただければ、ご理解いただけることでしょう。

しかし、障害のある子どもの場合、障害の状態等により、機器をうまく操作できなかったり、機器やソフトの調整（フィッティング）がうまくいかなかったりするなどして、活用の効果が思うように出ないことが考えられます。

本項では、障害のある子どもが機器を効果的に活用するにあたって、どのような点に留意すればよいのかを解説します。

学校教育における障害のある子どもへのＩＣＴ機器活用の基本的な考え方

２０１７、２０１８年度の特別支援学校学習指導要領の改訂では、障害のある子どもたちの教科指導にあたっての配慮事項として、障害種ごとにそれぞれの障害の状態や特性等に応じて、コンピュータ等の情報機器を有効に活用し、指導の効果を高めるようにすることが共通的に明記されました。学習指導要領解説の内容や書きぶりは障害種によってさまざまですが、見えてくることは、個々の障害の状態や認知の特性、学習環境等に応じて、入力支援機器等の補助用具を含め、教材・教具や指導方法を工夫することと言えるでしょう。

つまり、機器を一律に準備するのではなく、子どもに合った機器を選択することが求められているのです。

また、小・中・高等学校の各教科等の学習指導要領の「指導計画の作成と内容の取扱い」に、障害のある子どもに対する指導内容や指導方法の工夫を行うことが示され、その結果、各教科等の学習指導要領解説に、学習過程において想定される困難さとそれに対する指導上の意図や手立てについて示されました。その例示の中には、「困難さの状態」（左記の直線箇所、筆者による）に対して、ＩＣＴ機器を活用した「手立て」（左記の波線箇所、同右）があります。なお、これらはあくまでも例示であり、子ども一人ひとりの障害の状態や特性および心身の発達の段階等の実態把握や学習状況をふまえ、困難さの状態を把握し、必要な手立てを考え、工夫していくことが重要です。つまり、学習過程における困難さに対して、個の障害の状態等に応じて、機器を活用し授業がわかるような工夫をすることが求められているのです。

「声を出して発表することに困難がある場合や、人前で話すことへの不安を抱いている場合には、紙やホワイトボードに書いたものを提示したり、ＩＣＴ機器を活用して発表したりするなど、多様な表現方法が選択できるように工夫し、自分の考えを表すことに対する自信がもてるような配慮をする。」（小学校国語科）

「比較的長い文章を書くなど、一定量の文字を書くことが困難な場合には、文字を書く負担を軽減するため、手書きだけではなくＩＣＴ機器を使って文章を書くことができるようにするなどの配慮をする。」（中学校国語科）

「コンピュータ等の画面が見えにくい場合には、情報を的確に取得できるよう、文字等を拡大したり、フォントを変更したり、文字と背景の色を調整したりするなどの配慮をする。」（高等学校情報（各学科に共通する教科）科）

個々の障害の状態等に配慮したアシスティブ・テクノロジーの活用

障害のある子どもにとって、パソコンやタブレット端末などのＩＣＴ機器を活用することは、大きな恩恵があることは間違いありません。しかし、多くの場合、それらの機器はすべての人に使いやすい仕様となっていません。そこで、視覚や聴覚、身体等に障害のある子どもが、パソコンやタブレット端末などの機器を扱いやすいように、個々の身体機能や認知機能に応じた入出力支援装置が必要となります。「教育の情報化に関する手引[①]」では、入出力支援装置のみならず、機器の工夫による支援とその考え方を含めた考え方を「アシスティブ・テクノロジー：Assistive Technology」と定義しています。たとえば、次のようなことが考えられます。

●全く目が見えない子どもへの、点字の入出力が可能なパソコンや音声による入出力が可能なパソコン

●手指操作が苦手でキーボードやマウスをうまく操作できない子どもへの、視線入力装置
●複雑なキーボードやマウスの操作が苦手な子どもへの、ボタンマウス
●聴覚障害を含めた音声の聞き取りがうまくできない子どもへの、音声言語を文字表記する音声認識ソフト
●病気にかかりやすいなどの理由でたくさんの子どもがいる教室に入ることが難しい子どもへの、テレビ会議機能を活用した授業

例にあげた音声による入出力が可能なパソコンや音声認識ソフトなどは、発達障害のある子どもたちにも有効である場合があることから、障害種と入出力支援装置を単純に結びつけて考えずに、子どもが使いやすくなる方法を選択することが大切となります。

また、これらの使い方については、個別に指導する必要性が生じる場合が多く、その習得に時間がかかる場合も考えられます。学校内や保護者、専門家と連携し、何より子どもの声を聴きながら（声にならない声も感じながら）、丁寧に進めていくことが重要です。

この入出力支援装置の整備にあたっては、コロナ禍である2020、2021年

に文部科学省の「障害のある児童生徒のための入出力支援装置整備事業」が実施されており、全国でかなり整備が進んでいます。また、機器の開発や進化も日進月歩です。今後は、その成果や課題等について整理するとともに、普及・啓発を図っていく必要があるでしょう。

なお、これらの支援機器の活用の考え方やその実際については、「教育の情報化に関する手引」[①]「教育の情報化に関する手引（追補版）」[②]にも詳しく書かれています。また、国立特別支援教育総合研究所内にある発達障害教育推進センターのホームページ、特別支援教育教材ポータルサイトにさまざまな支援機器や教材・教具の情報が掲載されているので、適宜参考にしてください。

障害のある子どものICT機器活用の留意点

ICT機器を活用することを嫌がる子どもを生まないために、機器を活用する際に留意すべき点として最も重要なキーワードは「本人の参画」です。子ども自身が使いたいと思っているのか、どのような使い方をしたいのか、ぴったりとフィットしているのかなど、子どもの声を聴きながら（声にならない声も含めて）進める必要があります。

「本人の参画」というキーワードを頭に入れていただいたうえで、それ以外に留意点を4つ述べます。

（1）ＩＣＴ機器は万能ではないことを理解する

機器の活用が障害のある子どもの学びを促進し、自立と社会参加に役立つことは間違いありませんが、現時点で、機器の組み合わせや使用方法の工夫など指導する側の試行錯誤があったとしても、すべての障害のある子どもに合った機器、その組み合わせが存在するわけではありません。指導する側は、機器使用はあくまで手段であることを忘れず、機器を使用しないという選択肢も視野に入れておく必要があるでしょう。誤解のないように付け加えますが、機器の活用は、障害のある子どもにとって、従来の方法ではうまくいかないことが出発点であることを強調しておきたいと思います。

（2）柔軟なルールの必要性

1人1台端末というＧＩＧＡスクール構想による基礎的環境の整備が進んでおり、すでに機器をフル活用して授業を行っている場合もあります。そこで障害のある子どもにとって活用しにくい多くのパターンとして、機器の使用ルールの厳格さがあげられます。たとえば、教員の指示によるパソコン利用場面の限定、音声入力機能・音声読み上げ機能・写真機能・動画機能などの使用禁止、キーボード入力の強要などです。教室で機器を活用する際に、一定のルールの必要性は理解できますが、合理的配慮を含め個別のルール設定やルールの柔軟な運用により、使いたいときに使える環境が何より重要です。

(3) 丁寧なフィッティングの必要性

当たり前のことではありますが、障害のある子どもたちの身体機能や認知機能等の状態は、人によって異なります。また、似たような機能を持った機器やアプリ等が複数種類あることから、機器等を選択する際には留意が必要でしょう。加えて、持つ部分の材質、ボタンの反応速度、音質など、その機器等を使いやすくするためのフィッティングも重要です。その日の調子によってもフィッティングが必要になる場合があるため、使う前に再調整することなども視野に入れておきたいものです。子どもによっては、そのフィッティングを自分自身でできるようになることも大切な点となるでしょう。

(4) 定期的な確認と情報の共有・引き継ぎ

機器やアプリ等を使用するにあたり、子どもの障害の状態等が変化すれば、機器等を変更する必要性が生じます。しかし、障害の状態の変化等がわかりにくい場合もあるため、定期的な確認、ＰＤＣＡサイクルによる見直しを実施することが大切です。また、子どもの学びや支援の継続性という観点から、これらの情報を校内で共有したり、次のステージに引き継いだりすることも大切です。その際、適切に情報共有、引き継ぎを実施するにあたっては、個別の教育支援計画や個別の指導計画等を活用することが重要となります。

＊

２０２1年1月26日の中央教育審議会答申では、すべての子どもの「個別最適な学び」の実現を掲げています。障害のある子どもに保障することは簡単なことではありませんが、ＩＣＴ機器を活用することにより、その実現性は格段に上がります。そして、その実現のためには、読者の方を含めた周囲の大人の理解と協力が不可欠です。障害のある子どもたちの学びを保障し、自立と社会参加のために、ぜひとも力を貸していただければと思います。

〈参考文献・資料〉

①文部科学省「教育の情報化に関する手引」（２０１９年）
②文部科学省「教育の情報化に関する手引（追補版）」（２０２０年）

4章

成功の鍵を握る学校管理職

管理職がボトルネックになっていないか

平井　聡一郎
（株式会社情報通信総合研究所特別研究員）

管理職から見たＧＩＧＡスクール構想の現状と課題

全国の多くの小・中学校では、２０２１年当初から徐々に端末やＷｉ-Ｆｉ環境の整備が進んできました。このため、遅くとも２０２１年度中には機器整備は終わります。今回の学習指導要領ではＩＣＴの活用について、教育委員会の責任と学校の責任がそれぞれ明確に示されました。つまり、ＩＣＴ機器環境は教育委員会が責任をもって整備し、それを活用していくのは学校の責任であると明記されたのです。そのため２０２１年度に、ＧＩＧＡスクール構想の趣旨にそって、描く教育委員会によって適切な環境整備がなされれば、次は学校がその役目を果たし、ICT機器を教育活動全体で活用するというフェーズに入るということです。

しかし今の学校を見ると、残念ながら現実には、十分な環境整備がなされているとは言い切れない状況が見られます。これはハード面の整備だけでなく、セキュリティポリシー等の改訂などの運用面のルール策定においても言えることで、結果として自治体間に運用面の格差が生じ始めています。

さらに、すでにICT機器整備の進んでいる自治体の学校においても、その活用に格差が生じています。この原因には、端末、アプリ、通信環境などに起因する理由により活用が進まないケースと、活用する側の教員のリテラシーに起因するケースがあります。つまり、GIGAスクール構想の実現を阻害する要因には、教育委員会と学校のそれぞれにボトルネックがあると考えられます。そして、この二つの組織のトップである教育長と校長のそれぞれに大きな責任があるわけです。

そこで本章では、まず学校管理職がこの二つの問題に直面したとき、どのような対応をすべきか？　そして、今後さらにデジタル化が進み、教育DXが実現するという状況のなかで、管理職に必要なリテラシー、スキルとはなにかを考えることで、教育DXが浸透した時代の管理職としてのあり方を考えていきます。

教育ビジョン

そもそも、ＧＩＧＡスクール構想はなんのための施策だったのでしょうか？　１人１台の端末とクラウド・バイ・デフォルト①、そして通信環境という３本柱の整備が事業目標ではありますが、それ自体が２０２０年度から始まった新しい学習指導要領における教育改革を支える環境整備と言えます。つまり、今回整備されたＩＣＴ機器は、教育改革の切り口である授業を変えるためのツールということになります。ここを見失うと、単なる機器整備や、ＩＣＴを使うことが目的となった授業ということになりかねません。そのため、すべての学校管理職は、ＩＣＴは新学習指導要領の目指す「主体的・対話的で深い学び」を実現するために活用されなければならないという視点を持ち続ける必要があります。さらにそのうえで、授業以外でのＩＣＴ機器活用を推進し、学校の教育活動全体のデジタル化を図り、児童・生徒、先生、保護者を巻き込んだ学校ＤＸの実現を目指さなければならないのです。

そしてそのなかで、管理職が従来の指導法に過度に固執すると、管理職自身がＩＣＴ機器活用のボトルネックになる恐れがあります。それを防ぐためにも、まずは管理職が新学習指導要領の目指す学びの姿を、職員や保護者に語り続けていくことが必要でしょう。

管理職に求められるリテラシー

私は、GIGAスクール構想を実現するためには、ICT機器を「まず使う、とにかく使う、いつでも使う、どこでも使う、自由に使う」ことを目指していくことを提案しています。

まず、「まず使う、とにかく使う」ですが、ICT機器を活用した授業に不慣れな先生は、失敗を恐れず、まず触ることが重要です。管理職としては、この導入当初のハードルをとにかく下げることが必要です。「こんなんでいいんだ！　これならできそう！」と思わせることが重要なのです。次の「いつでも使う」ですが、これについては授業で使うだけでなく、子どもたちが休み時間や放課後などいつでも使っていい学校も出てきています。そして「どこでも使う」です。これは、学校でも家でも使うということです。

最後に「自由に使う」ですが、導入当初はどうしてもトラブルは起こります。新しいおもちゃを手にした子どもなのですから、浮かれもします。不適切な書き込みなどいろいろ「やらかす」時期が必ずあります。しかし、ここで強い制限をかけると、活用は一気に萎んでいってしまいます。だからこそ、ここで学校管理職が腹を括って取り組み、多少やらかしたくらいなら笑い飛ばすくらいの胆力を示してほしいのです。子どもたちは、すぐに冷めるものです。おそらく「やらかし」の時期を通り過ぎれば、子どもたちはＩＣＴ機器にしがみつかず、自然にＩＣＴ機器を使う姿が見られるようになるでしょう。しかしそうは言っても、休み時間や家庭で自由に使わせることに不安を感じる管理職は多いと思います。そこで、管理職自身がＩＣＴ機器活用のボトルネックにならないために、管理職自身がデジタル・シティズンシップを学んでいくことが重要となります。

管理職に求められるICTリテラシー

管理職がＩＣＴ機器を活用して授業を行う機会はあまりありません。しかし、だからといってＩＣＴ活用の担当者にすべてをお任せというわけにもいかないでしょう。なぜなら、人事評価ひとつとっても、教職員のＩＣＴスキルを把握するためにリテラシーが必要だからです。またＩＣＴ機器購入等の予算請求にも知識・理解面のリテラシーは必要です。しかし、それ以上にリテラシーが必要な理由があります。それは、今後学校のデジタル化が進むにつれて、ＩＣＴ機器活用などに関係する学校事故の発生が予想されることです。つまりＩＣＴに関するリテラシーは、管理職にとって最重要課題といえる危機管理に必要不可欠なものになるということです。危機管理の本質は事後の対処ではなく、予防にこそあります。そして予防には、その問題の本質的な理解が必要なのです。そのため、令和の管理職にとって、ＩＣＴリテラシーは必須条件と言えるでしょう。

さて、各学校の管理職はどうすればＩＣＴリテラシーを習得することができるでしょうか？　これには二つの方法があります。一つは、まず自分が児童・生徒と同じ端末を使うことです。児童・生徒が何で学んでいるのかをわからずにさまざまな判断はできません。まれに、自分の学校の端末やＯＳ、主なアプリを聞かれても返答できない管理職を見かけます。実態がわからずに経営判断ができるのだろうかと心配になってきます。まずは、触ってみることから始めてみましょう。残念ながら、管理職の端末が整備されていない自治体もありますが、管理職にこそＩＣＴ機器を使ってほしいものです。

二つめに、外部の力を借りる方法があります。これは、文部科学省のＩＣＴ活用教育アドバイザーと総務省の地域情報化アドバイザーに代表されるもので、これらは無料で講師を派遣してくれます。

文部科学省ICT活用教育アドバイザー
https://www.oetc.jp/ict/top/

総務省地域情報化アドバイザー
https://www.soumu.go.jp/menu_seisaku/ictseisaku/ictriyou/manager.html

GIGAスクール構想実現のためのリーダー育成

ＧＩＧＡがうまく機能している地域を見ると、ＩＣＴのリーダー教員が複数存在していることが多いです。つまり、管理職だけが一生懸命でも学校は動かないということです。経営トップである管理職、ミドルリーダー、先生が共通の目的のために動く仕組みができていることが成功の要因にあります。さらに、ここで重要なのは、ＩＣＴリーダーを各学校複数任命することでしょう。学校におけるＩＣＴリーダーは孤独になりがちです。校内でのＩＣＴ活用の普及を進めようとすると、反対する先生と対立関係になったりして、なかなかうまくいかないことも多いものです。そこで、ＩＣＴリーダーを孤独にしないように、必ず複数を任命することを提案します。そして、このＩＣＴリーダー育成には教育委員会の関与も欠かせません。まず各学校のＩＣＴリーダーたちを連携させる組織づくりが求められます。

今、必要なのは情報でしょう。ＧＩＧＡスクール構想はこれまでの施策以上に早急に結果を出す必要があります。少なくとも５年後に控えている機器更新では、ＢＹＯＤ[②]など保護者負担による機器整備が選択肢となります。この時までにある程度の成果を出さないと、保護者の理解は得られません。そこで学校の中でじっくりと実践を重ねる時間はないため、他校の成功事例、失敗事例の情報をもとにして、自校の指導改善に生かすことが必要となるのです。ＩＣＴリーダーをつなぐ組織は、この情報をやりとりする場としての機能が大いに期待されます。さらにこのリーダーたちには、校外での研修に積極的に参加させることも重要となってくるでしょう。

さて、ここまで各学校におけるＩＣＴリーダーの育成を論じてきましたが、本当に必要なのは各学校の管理職自身の研修でしょう。今後、学校のデジタル化は国の施策もあり、確実に進んでいくと考えられます。そのため、学校管理職には教育に関する知見に加え、ＩＣＴに関する知見も不可欠なものとなります。この二つの知見を併せ持ったリーダーこそが、学校ＣＩＯ[③]と呼ばれる存在であり、各学校においては、校長がその任にあたることが求められます。

しかし、これまでの管理職はＣＩＯとしての研修を受けたこともないですし、その役割自体が明確に示されてはいません。そこで、これからの管理職は積極的に先進的な学校の事例をリサーチしたり、外部の研修を受講したりすることが望まれます。幸いなことに、多くのセミナーがオンラインで開催されたり、公的なサイトから多くの情報が発信されたりしています。学校管理職の皆様には、このような機会を活かし、情報収集に努め、学校ＣＩＯとしての力量を高め、自校の教育改革に取り組んでいただきたいと思います。

文部科学省
StuDX Style　https://www.mext.go.jp/studxstyle/

経済産業省　未来の教室
https://www.learning-innovation.go.jp/

〈注〉

①クラウド・バイ・デフォルト：「政府情報システムの構築・整備に関しては、クラウドサービスの利用を第1候補（デフォルト）として考える」という国の方針で、ＧＩＧＡスクール構想でも機器整備における原則とされる。

②ＢＹＯＤ（Bring your own device）：個人が私物として所有しているパソコンやスマートフォンを業務に使う利用形態。

③学校ＣＩＯ（chief information officer）：学校における最高情報責任者。

管理職にとってのはじめの一歩

齋藤　浩司（横浜市立鴨居中学校長）

「GIGAスクール構想の実現」に向けてどう取り組んでいくか？　2021年度のスタートから頭を悩ませている管理職も多いと思います。そこで、まず私が想定する「管理職としてのジレンマ」を並べてみました。

①ICTに対する苦手意識
②日々の通知やマニュアルが伝達されても消化できないこと
③教職員集団が自分の思うように動かないこと
④ICT活用に意欲的な先生とそうでない先生の顕著な差
⑤継続し、増大化する業務多忙化感

などなど、あげればきりがありません。

本稿では、そのジレンマを少しでも減らす（笑）べく、体験に基づくアドバイスを述べたいと思います。

赴任してまずやっておくとよいこと

前任者からの引き継ぎの際、どういう内容を確認し、聞いたでしょうか？　児童・生徒の情報でしょうか、それとも教職員の働きぶりでしょうか？　どれも大事なことばかりです。いずれにせよ、情報把握は最も重要です。学校風土、職員室の風土は「ところ変われば……」で同じ地域でも全く違うということも多いです。過去の職員会議の文書や記録、学校経営計画（紀要）等を読むことはもちろん、いかに情報を集めるかでスタートが決まります。

そこで、ＩＣＴ関連について、私が赴任してすぐに取り組んだことは、次のようです。

①教職員のＩＣＴスキルを確認する
②機器管理の実態を把握する
③ＩＣＴの活用度を把握する

↓①については、前年度の調査をもとに全体のスキルを測る、さらに各教員人事評価の書類などを閲覧し、研修の有無を確認する、ヒアリングをして個々のスキルを確かめる、などできるところから把握するとよいでしょう。
②は、情報教育担当と事務職員からヒアリングしました。
③は、日頃の働きぶりや授業、会話から把握しました。

学校の課題を把握すること

それぞれの学校には、スクールカラーといえる特色や、抱えている教育課題が必ずあります（加えて重要な喫緊の課題や問題を抱えている学校も多いのではないでしょうか）。次に取り組んだのは、学校の課題の把握です。
①学校経営、生徒指導、カリキュラム・マネジメントなどそれぞれのカテゴリー別に課題を洗い出す。もちろん、よい面、悪い面も含めて確認したうえで。
②課題を一覧に書き出し、可視化する（随時、改訂を行う）。
③ある程度スケジュール感は大事にし、進捗管理を行う。
↓①については、赴任当時、副校長、主幹教諭など、ブレーンに聞き取りを行いました。先生たちからも、日常の会話のなかでさりげなく把握しました。

②で留意するのは、課題解決のために「人、モノ、金」をどう使うかです。予算を組まないことには始まらないこともあります。ここは副校長・教頭、事務職員と協働で進める必要があります。

③の喫緊の課題については、スピード感をもって取り組みます。熟慮を要する課題については、中期（3ヵ月）または長期（6ヵ月）的なスケジュールを組み、可視化して共有するとよいでしょう。

課題が明確になったところで、どこにどうやって、ＩＣＴを取り入れられるかどうかを判断していきました。

実行にあたり取り組むこと

当初、「組織を変えるか？　意識を変えるか？」を考えましたが、どちらが先か判断できません。さらに、年度初めに前年度確認した組織を変えることは多くの先生方は抵抗があるでしょう。そこで、まず意識を変えることを優先しました。

①自分自身が取り組みたいことを、民間のアドバイザーに相談する。
②民間企業の協力で会社へ訪問し、そこで働く人から直接話を聞く。
③「業務改善は環境から」と伝え、整理整頓、グループウェアの導入、会議文書の

様式統一などを進める。
→①校長の知恵袋として、民間の方に意見を求めました。広角な視点で物事を考え、アドバイスをいただけました。直接的なアイデアではなく、ひらめきを誘導するようなアイデアをいただきました。その後、ＩＣＴを利活用した私自身の取り組みに生きてきたことは言うまでもありません。

②では、動きやすい若手を現場に連れていきました。振り返りは全体で共有しました。現場に行って、そこで働く人の話を聞くことは効果大であると実感しています。

③は「働きやすい」というような「○○しやすい」と実感する取り組みは、気持ちよかったり、すっきりするものであったりします。その感覚は定着するものです。着任した数ヵ月後に、職員室の大黒板をホワイトボードに変えました。「見やすい」し、「きれいに維持しやすい」ものとなりました。

実行と共に意識すること

それは、学校の取り組みについて発信手法を明確にすること、そして多様な情報から学校にとって有効な情報をキャッチすることです。

「チーム学校」や「開かれた学校」など、これまで耳に慣れたキャッチフレーズはあるものの、それぞれの学校の地域や、家庭、児童・生徒自身はどれだけ「学校情報」を知っているでしょうか。一部の保護者や、地域の方だけが知っているのが現状ではないでしょうか。「昔は荒れていた」とか、「そういえば○○だった」という古い情報や、いわゆるマイナスなイメージが残像として残り、定着している例もあります。学校は時間と共に変化します。子どもも入れ替わります。日々、発信しない限り、学校を取り巻く人々には伝わりにくいものです。そこで、私は次のことに取り組みました。

①普段の学校の様子をFacebookで発信。
②民間研修等のリポートは教職員で共有し、市教委へも送付。
③外部からの訪問や、取材は可能な限り応じる。
↓①について、最初はブログで発信していたものの、画像のアップが面倒に感じ、Facebookに変えました。学校によっては、ホームページに日々の給食等をアップしている例や、Instagramで画像を発信している例もあります。一つの記事に200～300の「いいね！」がつきます。保護者や地域の方々も閲覧しています。内容はごく普通の学校の日常を写真付きで。細く長く続けられるくらいがちょうど

よいです。

②は、何事も振り返りが大事です。民間研修に参加できない先生もいたので、研修の様子をまとめ、振り返りのコメントを載せて作成、発信しました。

③については、本校は数多くの民間企業の方が出入りしており、情報を提供していただける場合もありますし、提供する場合もあります。とくに、経済産業省「未来の教室」実証事業に2年間取り組んだため、日常的に関連企業の方が訪問してきました。

Google 本社で研修

情報発信は、常に積極的に行うべきです。あなたの学校は、「学校だより」だけの発信で満足していませんか?

私が使っているFacebookの世界では、さまざまな学校が自校の取り組みを発信しています。そこはアイデアの宝庫です。まねしたい取り組みがたくさんあります。また、その縁で、情報交換に発展した例もたくさんあります。

情報を発信することは、情報の享受につながると思います。注目している学校の記事を読むのが自然と楽しみになり、とても勉強になります。

緊急時に備える取り組み〈その1〉
～コミュニケーションを止めない～

本市において、２０２０年3月から始まった一斉臨時休業は、5月末までの長期間に及びました。日常の教育活動ができない焦りや苦悩は計り知れないものでした。本校は、「コミュニケーションを止めない」ことと、「学びを止めない」ことをテーマに取り組みました。この取り組みのなかに、ＩＣＴはじめの一歩としてのノウハウが見え隠れしているのです。

本校が取り組んだこととして、

①毎日メール配信
②朝礼動画の配信
③24時間相談受付フォームの設置
④オンライン懇話会の実施
⑤個人面談の実施

などがあげられます。

→①は、COCOO（コクー）というメール配信システムを使い、毎日の連絡事項を配信しました。アンケート機能を活用し、日々の健康観察も行いました。

②は、約1分間の動画を撮影し、学校YouTube（非公開）で発信しました。URLはメール配信に載せて各家庭に送付しました。

③は、Googleフォームを使い、いつでも相談ができるように設定しました。休校期間は合計85件の相談や連絡がありました。相談があった場合は一両日中に当該の学年へ伝え、迅速に対応するように指示を出しました。

④オンライン（Zoom）で保護者との懇話会を実施しました。参加は少なかったですが、つながっているという実感が持てました。

⑤5月に全校で個人面談を実施しました。これは、家庭学習の確認と課題の提出状況の把握、学校再開後に向けての準備などを話す時間としました。とくに、1年生は入学したてで担任の顔もわからない状況でした。15分程度の面談でしたが、そ

休校中の朝礼動画

の後の安心につながったと言えます。

これらの取り組みは、試行錯誤の連続でした。そのため、6月に保護者向けに「休校中の学校の取り組みについて」のアンケートを実施し、取り組みを検証しました。たとえば、毎日のメール配信については、受け取る側にとっては「何が大事な連絡かわからない」というご意見や、オンライン保護者会については「参加したかったが、時間が合わなかった」というご意見をいただきました。取り組んだからこその意見だと思い、真摯に受け止めました。

緊急時に備える取り組み〈その2〉～学びを止めない～

2020年度は、年度初めから授業はもちろん、ほとんどの式典や行事が中止か延期となりました。休校となった分、教材研究や諸々の対応が楽になったわけではありませんでした。むしろ逆で、学習をどう継続させるかについて最も多く時間を割かれたのではないでしょうか。本校では「学びを止めない」という視点で、以下の取り組みを行いました。

①学習課題の精選と、丁寧な提示

②自習室の設置
③学校図書館で図書の貸出
④端末の貸出
→①オンライン授業の実施や授業動画の配信は、間に合わなかったのが正直なところです。市教委制作の授業動画の案内にとどまりました。その代わり、学校ホームページやメール配信にデータを添付して家庭でも手に入るように設定をしました。
②は、家庭学習がやりづらい生徒に向けて案内をしたところ、10名ほどの参加がありました。1～2時間教室を開放して学習時間を確保しました。その際、ICT教材（デキタス）を活用しました。
③は、面談等の登校の折に、貸出を可能にしました。延べ100人の生徒が図書を借りました。
④は、民間数社の協力で、iPadやノートパソコンなどをお借りして、希望する家庭に貸し出しました。緊急時であったため、迅速に対応していただきました。感謝しかありません。
以上、取り組み〈その1〉〈その2〉は2020年度の休校時の取り組みを書きました。繰り返しますが、こういったときの取り組みが「はじめの一歩」における

ノウハウの宝庫であると考えます。

＊

ＧＩＧＡスクール構想の実現への取り組みは、ジレンマを感じることが多くあります。それを乗り越えるには、「学校課題」を明確にして、課題解消に取り組むことが必要です。「はじめの一歩」は誰も助けてくれません。せいぜいアドバイス程度です。まず自分で考えることが大事です。また、民間との協働は、目的をはっきりさせることが大事です（手段と目的をはき違えないように）。そして、やり（取り組み）ながら考えること。「すべて決めてから、ハイ！」では遅いのです。ある程度のスピード感は大切です。

学校全体の質の向上に向けて

新保　元康（一般社団法人北海道開発技術センター地域政策研究所参事／NPO法人ほっかいどう学推進フォーラム理事／元札幌市立屯田小学校長）

GIGAスクール構想は「授業改革」だけではない

ＧＩＧＡスクール構想の中核には「授業改革」がありますが、それだけを目指しているのではありません。「ＧＩＧＡ授業構想」ではなく、「ＧＩＧＡスクール構想」です。つまり、「学校全体の質の向上」こそが目的なのです。令和の時代を迎え、日本の学校全体が変わっていくのです。明治時代の学制公布、戦後の教育改革に匹敵する大改革の渦中に私たちはいるのではないでしょうか。

学校全体の質の向上とは何か

「学校全体の質の向上」とはどういうことか、もう少し具体的に考えてみます。

第一に、もちろん授業の改革です。

個別最適化を目指すこと、そして、さまざまな事情で学校に来ない子どもたちにも学びを保障しようという画期的な目標があります。これについては、すでにすぐれた提案がたくさんありますので、これ以上は触れません。ただ、忘れがちなポイントを書くとすれば、それは、一斉授業の質も向上させるということです。GIGAスクール構想では、一斉授業に役立つ大型提示装置や実物投影機の100%設置が盛り込まれていることに留意すべきです。日本型学校教育のすぐれた点の一つは、一斉授業の質の高さではないでしょうか。たくさん子どもたちを引きつける教師の指示や説明の技術は言うまでもなく、子どもたちを揺さぶる発問の妙、集団の練りあいを組織する技は私たちの財産です。これとICTを組み合わせることで、より効率的・効果的な一斉授業を目指すことも重要なのです。

次に、保護者や地域との情報の共有と連携です。

新型コロナウイルス感染症はいずれ収束するでしょう。しかし、我が国の人口減少・働き手不足は加速します。つまり、保護者も地域の高齢者もみんなが何らかのかたちで働き、社会を支えるという状況が普通になるのです。しかし、学校はこうした変化に十分対応しているでしょうか。大量のプリント、丁寧だけど結局何を伝えたいのかわかりにくい連絡等々、社会の変化を意識した情報共有が非常に不足しています。学校がわかりにくいブラックボックスのままでは、保護者からも地域からも信頼を得ることはむずかしいでしょう。シンプルでわかりやすく、フランクで明解な情報発信と共有で学校の応援団を増やすことが急務です。そのために、SNS、メール、ホームページなど、ネットをどう使うかが問われています。

第三に、働き方改革です。

「働き方改革はもう終わったのですね」という声を聞くことがあります。コロナ対応、GIGAスクール対応に追われる先生たちの偽らざる感想だと思います。しかし、そんなことはありません。中教審答申「『令和の日本型学校教育』の構築を目指して」でも、働き方改革は、重要な位置づけとなっています。答申本文には「働き方改革」という言葉が20回も登場するのです。働き方改革なくしては、日本の学校教育のよさを維持することはできないし、令和の新しいスタイルに発展することもできないという強い危機感を感じます。

もはや昭和の時代のように、深夜までがむしゃらに働く時代は終わりました。業務を精選し、小分けにして分担し、さらにＩＣＴを活用してスマートに進める時代なのです。兼業もより幅広く認められる時代になるでしょう。老若男女を問わず、一人ひとりができる範囲で少しずつ学校を支える時代が来ます。すでに、職員室にはたくさんの職種の方がいます。出退勤の時間もばらばら、業務も多岐にわたっています。この多様なチームを組織し、成果を上げるにはＩＣＴの力が必須です。学校を支えるスタッフ全員が揃っていないのに、以前と同じように対面の職員朝会や職員会議を平然と続けているようでは、情報共有も必要な議論も満足にできず、学校全体の質が向上しないのは当然です。

さらに、日本の社会全体の基調は「働き手不足」です。人材の奪い合いはコロナ後に大変なことになるでしょう。ＩＣＴも満足に活用できない「ブラック」という評判の職業に若い人たちが集まることはありません。スマートでやりがいのあるカッコイイ令和の教師像をみんなで創る必要があります。

学校全体の質の向上のためにリーダーのすべきこと

変革の時代こそ、リーダーの役割は重要です。苦労も多いと思いますが、最もやりがいのある時代とも言えます。学校全体の質の向上のためにリーダーがなすべきことを3つご提案します。

(1) 安易に任せっきりにしない

「ボトムアップの時代ですし、自分はＩＣＴが苦手なので若手に任せています」という方によく会います。もちろん謙遜なのだと思います。「ボトムアップ」「任せる」は大事なキーワードですが、それを成功させているリーダーは、実に緻密で細かいというのが私の観察結果です。

デジタル庁もつくられ、社会全体が変わる大変革の時代です。リーダーはアンテナを高く上げて時代の流れを把握しなければなりません。そして、自分の責任が及ぶ現場の細部に目を配り、さまざまな声に耳を澄まし、全体をリードすべきです。「着眼大局・着手小局」という言葉があります。変革の時代にこそ、大事にしたい言葉です。リーダーは、まずは大局に着眼し、デジタル化という教育改革の流れ、その意味や背景を把握し、それをわかりやすく校内で共有したいものです。そして、それが小局つまりは実際の学校現場でどう実現されているのかを見極める必要があります。

(2) 「日常」に着目するリーダー

スクールリーダーは、時代の最先端の取り組みだけに注目する傾向がないでしょうか。最先端も大事ですが、もっと目の前の日常に目を向けるリーダーがたくさんいてほしいと思います。

たとえば、「最先端を研究しよう」と旗を振れば、なんとなく元気も出てきます。もちろん非常に大事なことです。しかし、自分の経営する目の前の学校がそうした研究開発組織なのかどうかはよくよく考える必要があります。多くの学校は、最先端の研究開発組織ではありません。ごく普通の子どもを愛する教職員の集まりです。

学校の日常は、泥臭いものです。大局を俯瞰するとは、そうした我が校の日常、地域の実情もしっかりと把握するということです。そして、「だから、変えられない」と諦めるのではなく、「だから、自分の日常に合った未来をどう創るか」を考えたいと思うのです。そして、現実的な改善アイデアを出し合い、一歩一歩みんなで山を登るのです。

「学校全体の質を向上させるために公開研究会をしよう」という考え方があります。もちろん、一つの手段ではありますが、それが自分の学校の実態に合っているかどうかは、十分検討すべきです。

私自身は、大学の附属学校に9年間お世話になり、研究開発に没頭した経験があります。ちょうど、総合的な学習が世に出るときで、研究開発のおもしろさを存分に経験させてもらいました。しかし、それは同時にたいへん大きな負荷を伴ったものであったのも事実です。

この方法を一般化するのはむずかしいと当時から考えていました。そして校長としては、最初の2校で「学校の日常改善」をテーマにした小さな公開研を実施、その後の2校では予定されていた公開研を中止しました。教職員とも相談し、それぞれの学校でのベストな選択をしたと思っています。

学校全体を変える方法は、たくさんあります。自分の学校ではどこから着手すべきか、その小さな糸口を見つけることが重要です。

(3) 日本の先生をリスペクトし大切にする

ＧＩＧＡスクールを話題にするときに、「日本の先生は遅れている」「先生たちが取り組もうとしてくれない」という話をよく聞きます。よくわかりますし、そのとおりでもあります。正直に言えば、私自身もそう思っていました。「プロフェッショナルなんだから、もっと勉強しようよ！」と。

しかし、学校経営を続けているうちに、この考え方は一面的であると思うようになりました。日本の先生たちの質は高いです。けっして十分とはいえない環境のなかで、本当にまじめに真剣に取り組んでいると心から思うようになりました。そして、学校のパフォーマンスが高まっていないとしたら、それはまさに自分自身の不勉強と非力さによるとわかったのです。

考えてみれば、４番バッターだけを取りそろえられるチームはあり得ません。プロと言ってもさまざまです。管理職になると、個々の教職員のいろいろな背景が見えてきます。みんな、いろいろな荷物を背負いながら本当にがんばっています。

こう思ったところから、学校経営が変わっていったと思います。先生たちは、膨大で複雑な仕事を必死に処理しています。したがって、世の中の変化をじっくり観察し、学ぶ機会が非常に少ないのではないでしょうか。リーダーは、社会の動きや空気をこまめに共有する努力が必要だと思います。とくに中教審、文部科学省の考え方は本当に伝わっていません。原点をかみ砕き共有する必要があります。教職員向けの校長便りという手もあるでしょう。放課後の何気ない会話も大事です。会議で長々と演説することもあるでしょうが……これは一番効果が低いと理解すべきです。

ＧＩＧＡスクール構想を大局で捉え、学校の日常を見つめて勇気をもって改革に取り組む、そんなみなさんの奮闘を心から応援しています。

ＩＣＴ活用で深まる校長の学び

小髙　美恵子（埼玉県戸田市立戸田東小学校長）

コロナ禍でピンチがチャンス、そしてギフトへ

２０２０年３月、新型コロナウイルス感染拡大により学校が全国一斉休業となった際には、戸田市ではすでにＰＣは日常使いのツールとして定着しており、全小・中学校でオンライン学習が進められました。学校再開後もその動きは止まらず、遠隔授業、ハイブリッド型学習等の「学び」と共に、長欠児童のオンライン授業参加、保護者向けオンライン授業参観や教育相談、教職員の遠隔会議や研修会等々、学び・生徒指導・働き方においてもデジタル化が大きく進みました。

そして、GIGAスクール構想元年の2021年度は、端末の持ち帰りが始まり、日常的に教室と家庭がシームレスにつながりました。誰一人取り残さず子どもの可能性を引き出す【学びの生産性】という教育の質の向上と、教職員の働き方改革【校務・服務の効率化】を両輪とした学校DXが加速しています。まさに、コロナ禍という未曽有のピンチがチャンスに、そしてギフトにまで進んできているのです。

令和の学校経営者の務め――管理からマネジメントへ

「GIGAスクール構想」をベースとした「新学習指導要領」「令和の日本型教育」の実現に向かう管理職の務めとは何でしょうか。

新型コロナウイルス感染症への対応を通して管理職は、その判断力や行動力が問われました。そして今、さらに高度なマネジメントが求められています。

(1) 視点を増やす――鳥の目・虫の目・魚の目・コウモリの目、そして猫の目を

鳥の目（物事を俯瞰して捉えられる視点）、虫の目（物事を細分化し、掘り下げる視点）、魚の目（世の流れをつかむための視点）は従来から言われてきましたが、今必要な視点として「コウモリの目」と「猫の目」を加えたいと思います。コウモリの目とは、逆の立場で見たり発想を変えたりすることで前提を疑い、本質を見抜

く視点です。また、猫の目とは、暗黙のなかでも鋭く物事や状況の変化を見極め、迅速に対応する視点です。私たちは、社会の変化にあった視点を常に意識していくことが大切であると考えます。

(2) 答え探しから答え創りへ――教育観の転換と固定観念・成功体験からの脱却

「教育とはこういうもの」「校長とは」「子どもとは」という既成概念に縛られずしなやかに考える意識づくり、当たり前を問い直す姿勢を常に持ちたいと思っています。前例踏襲や形状記憶機能、予定調和や正解主義からの脱却です。コロナ禍で改めて問い直された学校教育の目的や教室で学ぶ価値のほか、GIGAスクール構想の本来の意義等、私たちは本質を見極め、自分たちで答えを創っていくこと『共創』を大切にしたいものです。

(3) 教師の「やりたい」を後押しする――管理職は伴走者

現在の教育改革は、校長が方針を考え指示を出すだけでは、実現できません。教職員一人ひとりが「自分事」として考え、自律的に行動することが不可欠です。新しい実践やツール等が降りてきたとき、ポジティブに捉えながら前向きに議論する職員組織風土が、前例・正解のない事柄への対応力にもつながっていくのです。管理職は、教職員と共に伴走し、積極的な自走を支援していくことが求められています。

また、変化する社会の動きや風を教室の中に入れるために、校長が校内の誰よりも勉強し、自身の言葉で教職員に伝えることが重要と考えます。国から教育委員会を経て学校へと伝わるなかで、次第に「魂」が抜けて言葉だけで独り歩きを始めてしまった答申や通知、さまざまなメディアから多角的な視点で発出されるあふれるほどの教育情報に、本来の目的や主旨を見失ってしまうという現象が往々にして起こっていることはないでしょうか。だからこそ、校長自らが取捨選択したり深く読み込んだりして、ただ言葉を表面的に伝えるのではなく、自校の実態や自身の思いを行間に折り込みながら語り、抜けてしまった「魂」を復活させたり時流の風を教職員に伝えていく必要があると思っています。

校長会DX――ICTをベースにした校長集団の学びの進化・新化・深化

人は自分の経験の範囲でしかものを考えられないと言われます。しかし、情報を交換し合ったり、共有したり、共に学び合ったりすることで他者の経験を自分のものにすることができます。そして校長会は、学び合い高め合う場であり、何より自己の経験知を拡げる場です。

戸田市では2011年度から統合型校務支援システムの整備により市内全教職員

がつながり、情報の管理と共有、会議のペーパーレス他、働き方改革の視点でも改革が進んできています。しかし、そのシステムはセキュリティ上限られたＰＣで運用されるものであり、当然ながら時間的・物理的制限があります。そこで校長会では、さらにリアルかつ迅速な情報を共有するためのさまざまな工夫を進めてきました。

(1) 校長間の強固なネットワークの形成――情報の獲得と共有

２０１９年度より、戸田市小・中学校長18名はＬＩＮＥグループを組みチャットで情報交換をしています。学校運営上参考となるリアルかつスピーディな校内情報や地域状況、国や専門家、教育者から日々刻々と発出されるさまざまな教育情報等、それぞれが知り得た情報をチャット上で共有することで、個々の経験知を広げたり、各々決断する際の判断材料としたりして有効に機能しています。

また、各校ではホームページとは別にFacebookを立ち上げ、授業の様子や子どもたちの姿を日々発信しています。この情報は各校の日常のデジタル化のよい事例、日々の学校生活にデジタルが溶け込んだ姿です。Facebookを通して各校のＩＣＴを活用した授業や活動を知ることは、自校の現実を正確に評価したり、次の一手を打つことを考案したりする貴重なツールとなっており、一校の現状変革が市内全校にじわじわと横展開しています。

さらに、現在は校務支援システムとは別にGoogleドライブ上にも先生フォルダがあり、個人情報にはかからない文書等を格納して全小・中学校で共有しています。アクセスの点で利便性が高く業務の負担軽減が大きく進んでいます。

(2) 校長自らアクティブ・ラーナーに――戸田市校長会研修会の大改造

「教室で実現したい学びの姿は、まず職員室から始めよう」と言われますが、そもそも職員室で実現したいことは、まず校長たちが取り組むことが肝要であると思っています。主体的・対話的で深い学びやGIGAスクール構想の実現には、校長たちの学びの場である研修会自体を変えていくことが鍵となると考えました。そして講義や講演を拝聴するという受動的な研修や、前例踏襲で開催される研修会、当事者意識が低いなかで参加する研修会を問い直し、市校長会として改造できることから着手しました。

2019年度から校長会主催の研修会を、講義型から全員参加型の「ピアレビュー」「ワールドカフェ」方式としました。テーマも自分たちが今学ぶ必然性がある課題で構成しました。正解のない課題に向き合い、全員参加で考えたり討論したりすることは、18名の校長が自由に意見を言い合える関係性を築くことができると共に、現状把握力や判断力、決断力を鍛えることにもつながっています。

コロナ禍で対面での会議ができなくなったことをきっかけに、校長会議や研修会は、さまざまなデジタルツールを使いオンラインで開催し続けました。Zoomのブレイクアウトルーム、Google WorkspaceのJamboard、ロイロノートスクールのシンキングツール等々、使えるツールはまず校長会研修会ですべて体験してきています。「職場を離れなくてもすむ」「拘束時間が減る」「集中して議論できる」「準備が楽」「自宅からでも参加できる」等、オンライン研修会は高評価であり、もはや対面には戻れない空気が漂っています。

(3) 校長のJust Do it!——校長会「楽」「楽」プロジェクト

ＧＩＧＡスクール構想実現の鍵は、まず校長自身が「ＩＣＴって楽しい。便利だな」という実感を持つことでしょう。ＩＣＴに関する知識・技能は校長間でも温度差があるうえに、日々アップデートされる機能をそのつど研修することは時間的にも厳しいものです。「校長自らが使えなくても」と思われるかもしれませんが、その機能の利便性やおもしろさを知っていることで、自校の取り組みを後押しすることができるのではないでしょうか。本市校長会では、ＩＣＴの最新機能を、校長会の業務の動線上に埋め込んだり、既存の会議や研修会のなかで、コミュニケーションツールや共同編集ツールとして使ったりして、最大限活用してきました。また、調査を行うときはGoogleフォームを使って実施し、回収と集計の利便性を体感する等、業務の省力化を校長自ら実感できるようにもしました。校長が「ＩＣＴっておもしろい　業務が楽になる」と実感すると、「自校の○○でこの機能が使えるかも□□で使ってみよう」となり、各校のＩＣＴ活用は加速度的に進みます。今や教育視察や授業研究会、研究発表会もオンラインがスタンダードになりつつあります。

校長がまずアクセルを踏もう

ＧＩＧＡスクール構想は単なる端末の整備のことではありません。それは、教師が教え導く一斉授業から、子どもが学びの主人公、教師が伴走者となる学びへの変革と、教師が憧れられる職業になることを実現するキラーコンテンツです。

教育の天気図を見ようとする習慣がなければ、必要な改革は後手に回り、そのつけは子どもにまわります。これからの子どもたちが生きていくのが、前例踏襲の通用しないVUCAの時代であることを肝に銘じ、未来に責任を持つ覚悟で校長がまずアクセルを踏み込むことが必要です。校長がアクティブなマネジメント運転をし、「やってみる！」と挑戦する姿は、しなやかで自律的な令和の学校を創っていくと信じています。

5章

成功する自治体、失敗する自治体

子ども向けの過剰な制限

高橋　純（東京学芸大学准教授）

ICTをうまく機能させる3つの柱

過剰な制限かどうかは、絶対的な基準があるわけではなく、経験値、価値観、過去の経緯や地域性なども大きく影響します。加えて、今回のＧＩＧＡスクール構想に関係する固有の事情として、大人も初めての体験であること、子どもが個人で占有するには高価な機器であること、クラウド活用であることなどがあります。これらが複雑に絡み、ある見方からは真っ当な制限と考えられ、別の見方からは過剰な制限と見なされるということもあります。まさに人々の感覚の違いによるものです。

ＩＣＴをうまく機能させるためには、①人への教育、②技術的な対策、③ルールの策定、の3つの柱をバランスよく考えていくことが大切と言われます。たとえば、どんなに技術的な対策をしても、悪意をもって故意に行えば、重大なトラブルは起こりえます。それを防ぐためにはルールをつくり、守らせる教育も必要となります。今、過剰な制限が起きているのは、とくに②③にかかわることでしょう。一部地域においては、①の教育でフォローすべきことを、②③で過剰に制限し、人を信じない、教育を放棄していると思われることも起こっています。

重大なトラブルは決して起こらないよう対策をしなくてはなりませんが、少なからずトラブルが起こることを前提に対策に取り組むしかありません。トラブルが起こっても取り返しがつくようにしておくことも、また対策の一つになります。たとえば、やむを得ないＰＣの破損は許容しても、保険をかけておくとか、それによる身体への怪我は起こらないようにしておくなどです。学校はそうしたトラブルを防ぐための教育を行う場でもあることから、トラブルを起こさない方法を学んだり、何かトラブルが起こったりした際は、そこから学んでいくこともありえます。

どのような活用を想定しているか

感覚の違いは、活用の想定の違いから起こりやすくなります。

図に示したように、ＩＣＴ端末の最も限定的な活用は、「Ａ：習得や反復学習を行う」です。個別の知識や技能の習得のためのドリルソフトの活用などが考えられます。

さらに「Ｂ：ＩＣＴも活用して問題解決や探究をする」も、思考力、判断力・表現力等の育成のために、多くの先生が想定している活用でしょう。先生方も、日常のなかでＩＣＴも活用しながら問題解決をしています。このように考えれば、ワープロ、表計算ソフト、プレゼンソフト等を活用することがイメージできます。加えて、従来どおりの発想であれ

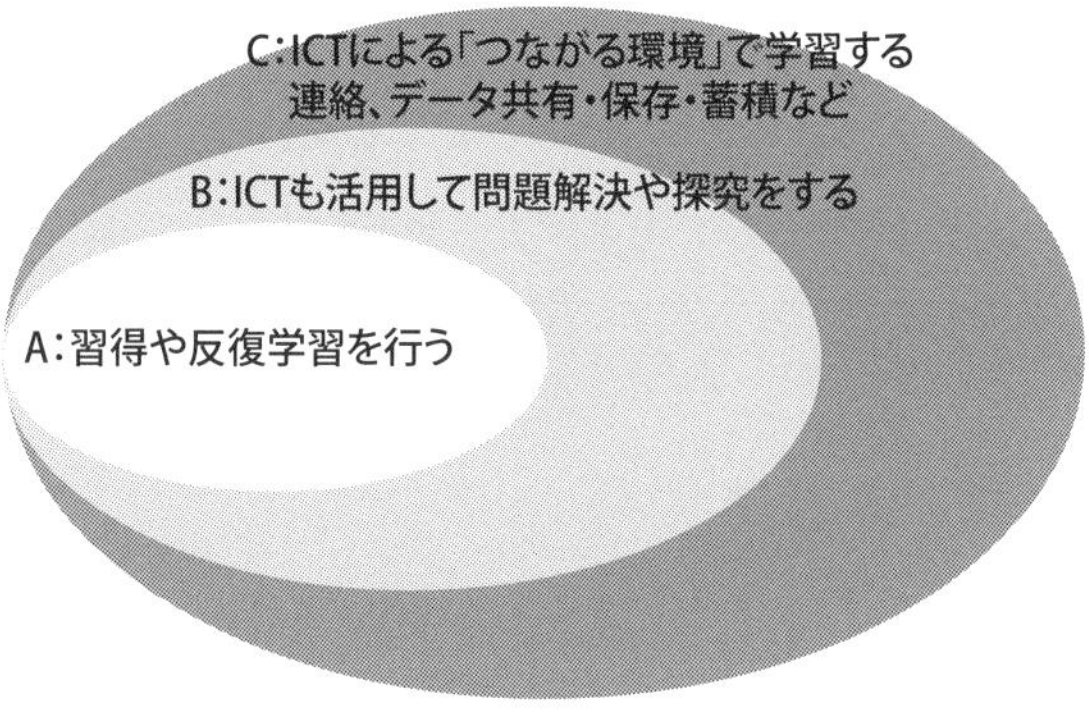

図　１人１台端末の活用法の想定

ば、学校内で使える共有フォルダ程度が必要と考えらます。

そしてもう一つ、今回、重要なのは「C：ICTによる『つながる環境』で学習する」ことです。資質・能力の育成に直接的な働きかけとはなりませんが、連絡、データ共有・保存・蓄積など、ICTを環境として学んでいく領域です。1人1台端末ですから、社会で人々がスマホを持ったことと似ていて、非同期に何度でも、仲間同士でつながり、情報共有をしていくような活用です。これは、実は最もコンピュータが得意な領域でもあります。

A～Cのうち、とくに初期段階においては、どのような活用が望ましいのでしょうか。

文部科学省のStuDX Style（スタディーエックス・スタイル）というGIGAスクール構想における活用事例を提供するサイトがあります。初期の活用であるStep1は、「GIGAに慣れる」に続いて、「教師と子供がつながる」「子供同士がつながる」「学校と家庭がつながる」「職員同士でつながる」とあります。これは、操作スキルの習得や環境づくりの「慣れる」が基盤であり、続いて、家庭学習カードのオンライン化、学習カードの配信、保護者へのお手紙、職員会議のペーパーレス化などの「つながる」活用があるのです。

つまり、StuDX Styleが最初に想定している活用は、Cの「ICTによる『つながる環境』で学習する」がとくに当てはまります。端的に言えば、GIGAスクール構想のウリである「クラウド」のフル活用です。協働的な学びの実現のためにも、まずは「つながる」必要があります。

GIGAとはクラウドをフル活用すること

第3期教育振興基本計画では3クラスに1クラス分のPCの整備と示されていましたが、その後、クラウドという技術革新をフル活用することで、1台分の予算で3台分が整備可能となりました。このことが、1人1台を実現するGIGAスクールの背景にあります。

クラウドをフル活用するとは、残念ながら共有フォルダの活用や、メールの添付書類でやり取りをするようなレベルではありません。こうした技術は30年以上前から続く古いものです。現代においては、チャット、メール、ワープロ、表計算、カレンダー等が孤立したものではなく、有機的に接続して、コミュニケーションや協働作業を実現させています。まさに人々と「つなぐ」ための環境です。こうした汎用型のクラウドソフトを活用すると、「情報共有」が「活動共有」に昇華したことを体感できます。

このことを前提とすれば、子どものクラウドサービスの利用禁止、IDへの個人名の利用禁止、メールやチャットの利用禁止等は、せいぜいBまでの活用を想定しており、30年以上前のインターネットどころかLAN活用のイメージ、「つながり感」の低い活用といえるでしょう。

また、Cを前提とすれば、メッセージ交換のような非同期なコミュニケーションが活用の中心となります。このように考えると、指示されたときにタブレットカートから取り出して使い、使い終わったらしまう、という活用ではありません。社会人と同様に、いつでも必要なときに目的を持って活用していくことになります。実際に、活用に慣れた教室では、対面とPCによる同期・非同期コミュニケーションが適切に混在して、従来以上にコミュニケーションが密になっている様子が見られます。

「つながる」で考えれば、学級便りや連絡帳などもクラウド経由にしたくなります。印刷も、丁合いも、配付も不要で、カラーでの作成も、訂正も蓄積もしやすくなります。学校の行事カレンダーもクラウドで共有してもらえばいいのです。となると、おのずとPCは持ち帰りたくなるし、家庭のPCでも単身赴任中の保護者にも見てもらいたいと、考えが発展していきます。どこからでも、OSに関係なくつながれるのがクラウドの強みです。

クラウド活用は、従来のPC活用とは感覚が違います。たとえば、従来の議事録の添削であれば、メールにワープロファイルを添付して、その際にパスワードをかけて、次のメールでパスワードを送る→先方は複雑怪奇なメールを必死に解読して、ファイルにコメントをつける→返信された多くの議事録へのコメントを一つひとつまとめていく……こんな作業が繰り返されてきました。

クラウドをフル活用している人たちに、これらの作業は不要です。会議終了＝議事録作成終了＝作業開始です。あたかも議事録の作成のための会議ではないかと思えるほど、決定事項を共同で編集しながら会議を進めていきます。いにしえのやり方をユーザーに強いているシステム等の管理者にはわからない感覚が世の中にあります。つまり、クラウドを前提としたルールへの転換が求められているのです。

残念なのは、各地で、技術に堪能なばかりで、業務で真剣にクラウドを活用したことがない方々がミスリードを繰り返していることです。普及期に大切なことは、技術に堪能なことではありません。活用に慣れていることです。車にたとえればすぐにわかるでしょう。車好きの技術に堪能な人がどんな車に乗っているか？　毎日、道具として車を使うには不要であったり過剰であったりする部品が付いています。ＩＣＴもそうです。不要な助言、過剰な助言に振り回されていないかを見極めることが重要です。

２０２１年3月12日、文部科学省も「ＧＩＧＡスクール構想の下で整備された１人１台端末の積極的な利活用等について」において、こうした問題の解決を通知しています。

時代の変化が激しく、技術に堪能なだけではついていけません。頭だけで理解することもむずかしいです。子どもへの過剰な制限とは、まずはよき体験を増やして感覚を養うべき大人側の問題といえるでしょう。

逆に「ゆるすぎる」自治体の問題

平井　聡一郎（株式会社情報通信総合研究所特別研究員）

「ゆるすぎる」自治体では、ＩＣＴと授業デザインという専門的な知見をもつ人材の不在により、ビジョンなき整備と活用が進んでしまいました。学校ＣＩＯ等の人材配置により、ポスト・ＧＩＧＡに向け早急な対策が急務です。

ＧＩＧＡスクール構想（以下ＧＩＧＡ）の実現の阻害要因には、自治体、教育委員会がトラブル発生を恐れるあまりに、過剰な制限を加えたため、学校や教員、児童・生徒が思うように活動できないケースがありますが、その反面、対極に「ゆるすぎる」自治体という存在もあります。これはＧＩＧＡによって、「基本パッケージ」という最低限の仕様の機器整備はしたものの、後は学校にすべてお任せというケースです。「これはダメ」「あれもだめ」と制限されるのも困りますが、端末を整備するだけで方向性を示したり、研修などの支援をしたりすることもなく、学校に自分たちで考えてくださいという、ある意味、学校に丸投げするのもまた問題があります。ここでは、このゆるすぎる自治体の課題を検証することで、ＧＩＧＡスクール構想を実現するための手立てを考えたいと思います。

なぜ「ゆるすぎる」？

なぜ「ゆるすぎる」自治体が生まれたのでしょうか？　一言で言えば、その背景には自治体にＩＣＴ機器整備とその活用に関するプロジェクトの統括リーダーがいなかったためと言えます。ＧＩＧＡスクール構想の実現には、ＩＣＴ機器から通信環境までの知見と、その運用である授業デザインに関する知見という二つの専門的な知見が必要となります。しかし、これらに対応できる人材が教育委員会に在籍していることはきわめて少ないというのが現状です。なぜなら、多くの自治体職員は総合職であり、資格が必要な部署にのみ専門職が配置されているからです。教育委員会では、教員を専門職である指導主事として配置していますが、とくにＩＣＴにくわしい指導主事を配置するというわけではありません。

また、そもそもＩＣＴ（とくにネットワーク系）と教育指導に関する知見を兼ね備えた人材自体が少ないという現状もあります。ＩＣＴに詳しいエンジニアはいますが、教育に関する知識はありません。また、教員に目を向けても、長きにわたるパソコン室のみのＩＣＴ活用は、授業におけるコンピュータ活用を停滞させてきました。このような背景のもと、各学校でＩＣＴを活用できる教員が育成されることはなく、教員から選ばれる指導主事も、実際にＩＣＴによる指導をした経験が少ないという状態に陥っています。

整備面の課題

このように、自治体に専門家がいないという状況は、ＧＩＧＡにおいて、活用のビジョンがないまま整備が進むという事態を招きました。ＧＩＧＡの基本パッケージは、こういう状況をふまえ、最低限必要なスペックの仕様書を示すことで、専門家のいない自治体でも機器選定から入札までに対応できるようにしたものでした。しかし、基本パッケージはあくまで基本であり、その上に自治体の目指す学びの姿に応じて、必要な機器等を整備するための応用パッケージが必要だったのです。「ゆるすぎる」自治体では、最終ゴールとなる活用のビジョンを持てなかったため応用パッケージを構築できず、結果として「基本パッケージだけでなんとかやってくれ」という、学校に「丸投げ」の状態になってしまいました。

運用面の課題

「ゆるすぎる自治体」のビジョンなき整備は、ＩＣＴ機器整備に多くの「穴」をつくってしまいました。とくに深刻なのは保守管理と設計の穴です。保守管理では、通年の運用のなかでどのような保守管理業務があるのかという管理業務の洗い出しが必要となります。この部分が抜け落ちると、さまざまな管理業務が発生するたびに「これは誰がやるのか」という騒ぎが起こってしまいます。典型的な例として、年度末の名簿更新の作業があげられます。２０２０年度中に端末整備が終了した自治体では、年度末のこの問題に直面しました。

また、設計の部分としては、たとえばクラウド上のドライブのアクセス権限の設定などの設計で「穴」が出ています。これも、実際の運用のイメージが持てていなかったために、児童・生徒がアクセスできる範囲を設定するといったシステムの設計をすることができずに起こったことです。インターネットのフィルタリングの設定でも同様の問題が起こりました。ここでは、他の部分では「ゆるすぎる」のに、フィルタリングだけは過剰に制限するというケースも出ています。これらはすべて活用のイメージが持てないゆえに発生した課題と言えます。

活用面の課題

さて、GIGAでの機器整備が終わると、次はそれらを授業のなかで活用するというフェーズに入ります。ここでも、前に述べたパソコン室時代の後遺症が問題となります。つまり、教員がICTを活用した授業のイメージが持てないことから、ほとんどの教員が配備されたパソコン、タブレットを前に「何をしたらいいんですか？」ということになるのです。さらに、この状態で、基本操作の研修のみを行い、後は学校で考えてくださいと「丸投げ」されたら学校はどうなるでしょうか？ このような状態で、「ゆるすぎる」自治体の学校が新学習指導要領の目指す学びを実現できるだろうかという不安が残ります。

そして、活用が進んでいない状況では、まだ課題が隠されていることが予想されます。それはネットワークの問題とパソコンやタブレットの周辺機器、アプリケーションの不足の問題です。ネットワークは、端末をフル活用した状態で動作を検証しなくてはなりません。つまり最大負荷をかけた状態で、どの程度動作するかを調べる必要があります。また、新学習指導要領に沿った学びのイメージができていないと、現在整備された環境が十分かどうかが検証されません。そこで、まずは現在の環境でとにかく使って、現在の整備が十分かどうかを検証する必要があります。そして、この検証は早急に実施し、次年度以降の自治体のＩＣＴ機器整備に間に合わせることが大切です。

ポスト・GIGA

ここまで、さまざまな課題を取り上げてきましたが、ＧＩＧＡでの整備が一区切りついた今だからこそ、ポスト・ＧＩＧＡに向け、整備から活用の仕切り直しが必要だと考えます。まず、学校がＩＣＴ機器をガンガン使って課題を洗い出し、何が抜けていて、何を整備する必要があるのか、どんな研修をする必要があるのかを検討することが必須であると考えます。しかし、「ゆるすぎる」自治体では、何が課題であるかの見極めと、その解決の道筋を考えることがむずかしい状況にあります。そこでＩＣＴ機器整備と、教育に関する専門的な知見を併せ持った教育ＣＩＯの存在が必要となるでしょう。国や都道府県においては、教育ＣＩＯの育成および配置について早急な対策が必要なのです。

教育ＣＩＯが間に合わない場合、文部科学省のＩＣＴ活用教育アドバイザー制度、総務省の地域情報化アドバイザー制度などの既存の支援制度を活用することが必要です。また、ＩＣＴ教育に関する有識者の活用も有効でしょう。

次に、機器整備面の「穴」を見つけ、出てきた穴を埋めるような次年度以降の整備に向け、予算化を進めることが急務となります。そのうえで、本来なら最初に取り組むべきであった、ＩＣＴ機器活用をふまえた教育ビジョンを作成しなければなりません。併せて現状のＩＣＴ機器環境でできる授業づくりの研修体制を早急に構築することが求められます。

以上の状況から、今後のポスト・ＧＩＧＡの学びの実現には、各自治体が、教育ＣＩＯとなる人材を内部で育成するか、外部から登用することで、3~5年間を見通したＩＣＴ機器活用と教員研修の年次計画を策定していくことが重要です。そして、その計画を無理のないステップを踏んで実施することで、ＩＣＴを活用した授業改革を進めていくことが、ポスト・ＧＩＧＡを乗り切るロードマップとなるでしょう。

学校のICT化を最大限に生かすための環境整備

梶本　佳照（新見公立大学特任教授）

ＧＩＧＡスクール構想のもとで全国の小・中・高等学校の児童・生徒に1人1台の端末が整備され、活用が始まっています。この構想は、クラウド環境を活用して児童・生徒が端末を日常的に活用して自分に合った学習方法と協働での学び方を身につけていくことを大きな目的としています。しかし、児童・生徒に1人1台の端末だけを整備すれば、後は運用に力を入れればよいかというとそうではありません。機器やソフトウェアの整備が不足していたり、システムの保守運用面で教師に負担がかかっていたりして、活用がうまく進んでいない場合があります。

運用を軌道に乗せ効果を上げるためには、周辺機器やソフトウェア、保守契約等の整備も必要です。具体的事例をあげて、問題点と解決方法を考えていきます。

追いついていない整備の問題

(1) キーボードが整備されていない

コンピュータを使用していくうえで、キーボードからの入力スキルは必須です。そのためには、児童・生徒の端末にキーボードも整備しておく必要があります。小学1、2年生はタブレット機能だけで、3年生以上はキーボードをつけることも考えられますが、小学校の段階で、キーボードスキルを計画的に身につけさせておかないと、文字入力に大きな負担を感じることになり、コンピュータを実用的に使用することができなくなります。大学に入学してくる学生のなかには、文字入力の遅さのみならず大文字と小文字の入力方法さえも身についていない学生がいます。

関連して、意識して決められたフォルダ内にファイル名をつけて保存するスキルは、ほとんどの学生が身につけていません。また、フォルダのつくり方も知りません。保存ボタンを押せば、どこかに保存されるという認識で止まっています。さらに、保存だけでなく文書作成ソフト等を使うときに、ファイルを指定したフォルダから探して開くことができない学生が多くいます。このことから、ファイルを意識したコンピュータやソフトウェアの使い方をしてきていないことがわかります。スマートフォンを使うときは、ファイルという概念を意識しないので、その感覚なのです。クラウドに目的のファイルをアップロードしたりダウンロードしたりする場合も、ファイルを意識させることが大切です。

以上のように、ファイル操作も含めて、学校教育の責任としてコンピュータ操作の基本スキルは身につけさせておく必要があります。

(2) 年次更新およびOSの更新に伴う保守契約内容の不足

Google for EducationやMicrosoft365等のクラウドサービスは、サービスの使用料自体は無償であっても、児童・生徒のアカウントの登録や削除等の年次更新は、無償では行ってもらえません。利用する側が行う必要があります。システム自体の年間保守費用として、年次更新費用をも含めて予算化していないと、現場の教職員だけで児童・生徒や教職員のアカウントのメンテナンスを行うことになってしまいます。また、ＯＳの更新作業が必要な端末もあります。この作業も現場の教職員だけで行うのは大きい負担となります。

このように、各更新作業に必要な保守経費も考えておかないと、現場の負担が増えすぎてシステムの運用が止まってしまう可能性があります。セキュリティ対策についても見落とされがちなため、十分に考慮する必要があります。

(3) 教師用端末の未整備、子どもの端末と教師の端末の環境の相違

教師が、児童・生徒の端末の活用を指導していくためには、教師も児童・生徒と同じ環境の端末を持っていることが必要です。教師が端末を持っていなかったり、持っていてもその環境が児童・生徒の端末の環境と大きく違っていたりすると、指導がしにくくなり、教師の負担が増えます。

教師が端末やソフトウェアの使い方を指導するときに、児童・生徒の端末を借りて指導すればよいという考えがあるとすれば、それは授業の実情を知らない、予算の低減のみを考えた発想です。児童・生徒がどういう環境で使っているのか、どういう画面を見ているのか、教師がわからない状態では、指導はできません。

(4) 予備機の整備がない

授業時に、児童・生徒の持っている端末が故障することが考えられます。故障したとき、予備機があるとそれを使うことにより、児童・生徒は授業にすぐに戻ることができます。GIGAスクール構想で各学校が使用しているクラウドシステムは、ユーザIDとパスワードを入力することにより、個々が使用している環境が表示されるので、故障した端末の状態を新しい端末に移し替える手間が不要となりたいへ

ん助かります。予備機がないと、故障した端末が直るまで、児童・生徒は使えないことになってしまいます。

端末の故障は、教師の端末についてもいえることです。修理から戻ってくるまで授業ができないということでは困ります。予備機の整備は必須です。

予備機の台数が何台必要かということになると、学級に1台は必要です。予備機は、児童・生徒端末の家庭への持ち帰りに伴い、破損させてしまった場合の代替え機としても使うことができます。

(5) 普通教室等に大型提示装置が整備されていない

教師が指導する普通教室等にプロジェクタ、デジタルテレビ、電子黒板等の大型提示装置が整備されていない学校がまだあります。「令和元年度学校における教育の情報化の実態に関する調査結果（概要）」（2020年3月現在）によると、普通教室の大型提示装置（プロジェクタ、デジタルテレビ、電子黒板）の整備率は、全国平均60％です。県によっては、17・5％のところもあります。

授業では、教師が自分の端末の画面や実物投影機で映した教材を大型提示装置に映して児童・生徒全体に説明する場面や、児童・生徒の端末の画面を映してそれを教師や児童・生徒自身が説明する場面があります。大型提示装置が整備されていないと上記のことができなくなり、授業の展開が制限されるだけでなく、授業内容の深まりにも影響することになります。大型提示装置なしに、教師の端末や児童・生徒の端末の画面をみんなに見せようとしても、画面が小さすぎて見えません。

必要なときに、大型提示装置を教室まで運んできて使用するという考えもあるかもしれませんが、わざわざ運んできて使用する状態では、使用率が増えません。各教室で児童・生徒に1人1台の端末が整備された状況になっているのに、それを映す大型提示装置が各教室に1台整備されていない状況は、整備不十分と言わざるを得ません。また、大型提示装置が整備されているケースでも、無線接続に対応していない場合もあり、授業・学習に合わせた対応も重要となります。

(6) 自宅等への持ち帰り学習に必要なモバイルWi-Fiルーター等の通信機器の未整備

児童・生徒端末の家庭への持ち帰りが進んできています。しかし、Google for EducationやMicrosoft365等のクラウドサービスは、インターネットに接続して使うことが前提になっています。端末がLTE（次世代高速携帯通信規格）内蔵でない場合、家庭にインターネット接続環境がないとシステム自体を使うことができません。文部科学省は、家庭にインターネット接続環境がない児童・生徒の家庭には、学校または教育委員会がモバイルWi-Fiルーター等を貸し出すことも推奨しています。まだ、家庭でのインターネット接続環境がない児童・生徒への対応策を考えていない自治体は、早急に考えていく必要があります。家庭の経済的な事情により、子どもに教育格差が生じるようなことは、あってはなりません。

(7) 通信回線の容量・速度の不足

通信回線の容量・速度については、GIGAスクール構想までの「教育のICT化に向けた環境整備5か年計画（2018～2022年度）」では、小・中学校3クラスに1クラス分の整備であったために、その端末台数に合わせた計画になっています。しかし、GIGAスクール構想で1人1台の整備になったことにより、単純に計算すると3倍の通信回線の容量・速度を見込んでおかないと、各学校・学級で一斉に使用しはじめたときに、インターネットのWebサイトやクラウドサービスを利用しようとした場合、実用的な速度で動作しない可能性があります。

早急に、端末1台ごとの回線使用量と現在構築している通信回線の容量・速度について確認しておくことが求められます。とくに、学習者用デジタル教科書やドリル等のコンテンツを利用する場合、一斉接続時の負荷についても十分に考慮する必要があります。また、OS更新、アプリ更新も、同様に考慮する必要があります。

(8) ドリル教材等の学習用コンテンツの不足

ＧＩＧＡスクール構想では、Google for EducationやMicrosoft365等の授業資料や提出物を送付したり、自分の考えをまとめたり、また、協働作業を行ったりするシステム・ツールは整備されています。しかし、1人1台の整備とそれを家庭に持ち帰ることが進んできていることを考えると、その環境をさらに生かすためには、ドリル教材等の学習用コンテンツの整備が必要です。1人1台の環境であれば、自分のペースでドリル教材等を使って学習内容の定着を進めることができます。

学校教育法第30条に、「生涯にわたり学習する基盤が培われるよう、基礎的な知識及び技能を習得させるとともに（後略）」とあるように、知識及び技能は、いろいろなことを考えるうえで基になることなので、しっかりと定着させることが重要です。

＊

学習者用デジタル教科書が普及してくると、児童・生徒は家庭に帰ってから、それを使って予習や復習ができることになります。学習者用デジタル教科書の整備も、計画的に進めていくことが重要です。そのためには、クラウドからコンテンツが使用できるよう、計画的に整備しておかなければなりません。

6章

GIGAスクールのその先へ

デジタル・シティズンシップ

豊福　晋平（国際大学GLOCOM准教授）

GIGAスクールやこれから述べるデジタル・シティズンシップ教育の導入にあたって、筆者がひとつ必ず尋ねることがあります。それは「GIGA端末をどのくらいの頻度で使う想定か？」。もし、学期に1回程度ならば、この項は読み飛ばしてもらってかまいません。これまでの運用と何も変わりませんし、年に一度外部講師を呼んで従来どおり情報モラルの講話を聞かせるだけで十分です。「いや、毎週・毎日もっと踏み込んだ使い方をするのだ」と考えたとき、おそらくデジタル・シティズンシップの発想が必要になります。これは、頻度や使い方と密接にリンクしたものなのです。

デジタル・シティズンシップの背景

ＧＩＧＡスクール構想の目標は、日常のデジタル化をベースにした学びの変革にあるのですから、最初の段階では、学校でも家庭でもテクノロジーの利用時間・頻度・用途が圧倒的に拡大します。圧倒的な情報量を効率よく扱えるようになれば、徐々に目的に応じた（期待される教育的効果が発揮できるような）高度な活用が可能になります。言い換えると、最初の利用時間・頻度・用途の圧倒的拡大なくして、高い教育効果を得ることはかないません。

しかし、利用時間・頻度・用途の圧倒的拡大は、これまでの大人の常識や教育指導方法に大幅な見直しを迫ることになるでしょう。たとえば次のようなことです。

①テクノロジーの積極的・社会的・道具的な側面

日本の学校教育はいまだに裸一貫主義（個人の資質・能力とテクノロジーは無関係とする立場）なので、テクノロジーはチート（手抜きや不正）で、ろくでもないものだから、個人でこそ使うもの、というイメージから脱却できていません。これを壊さないと、子どもたちは使うたびに後ろめたさにつきまとわれることになります。

②私用で使うものから公的な位置づけへの移行

これまで学校では長らく児童・生徒に対して個人ＩＤを付与しなかったので、オンライン・コミュニケーションはもっぱら私用のものとされ、公的な用途には使われませんでした。ＧＩＧＡスクールのクラウド活用では、児童・生徒や家庭への連絡・通知、課題の提出、各種申請といった用途が大幅にデジタル化されるので、公的な性格が強くなります。オンライン・コミュニケーションの公的用途が増えないと、利用時間・頻度・用途の拡大は起こりません。

③管理統制型・利用禁止抑制型指導の行き詰まり

これまでのテクノロジー利用はもっぱら子どもの私的なもので、学校の活動とは切り離されてきたので、学校では逐次指示して操作させる管理統制型の指導が幅を効かせ、一方で、私用は勉学に関係がないものとして禁止・抑圧するやり方が一般的でした。利用時間・頻度・用途の大幅な拡大は、使い手が各自で道具立てを考えるようになるので、このような管理統制型指導を早々に破綻させます。逆に管理統制型指導を続ける限り、利用時間・頻度・用途の拡大は起こりません。

①～③を無視し続ければ、ＧＩＧＡスクール構想のもくろむような効果は得られないばかりか、学校側の欺瞞を暴露することになります。ＧＩＧＡ端末だけに運用

上強い規制や制限を加えれば、大半の子どもはもっぱら私有機材を使うでしょう。学校としての責任は逃れうるかもしれませんが、それは教育上正しいあり方と言えるでしょうか？　つまり、これらの変化を前提とすれば、テクノロジー利用の主体である子ども自身に使い方を委ねられるような、自律を強化する教育への転換が必要とされることは当然の帰結といえます。

デジタル・シティズンシップ教育とは

デジタル・シティズンシップとは「テクノロジー利用における適切で責任ある行動規範」のことです。Ribble[①]によると、２０００年代米国では、学校での情報機器の不適切な利用防止のために利用規定が多く設定されましたが、利用制限を課す方法では問題解決にはつながらないことから、むしろ、倫理的・文化的・社会的問題を理解し、責任をもって、ポジティブに使う形への転換が図られました。坂本ら[②]はデジタル・シティズンシップを「テクノロジーの善き使い手となるための教育」とシンプルに述べています。Ribble & Park[③]はこれを次の９つの要素で説明しています。

①デジタル・アクセス

②デジタル・コマース（電子商取引）
③デジタル・コミュニケーションと協働
④デジタル・エチケット（電子的行動基準）
⑤デジタル・フルーエンシー（情報技術の利活用）
⑥デジタル健康と福祉
⑦デジタル規範
⑧デジタル権利と責任
⑨デジタル・セキュリティとプライバシー

これをみると、デジタル・シティズンシップとは、社会とテクノロジーにかかわることを包括的に学びと捉えているのであって、従前の情報モラル教育では扱いきれていなかった領域が見えてきます。

デジタル・シティズンシップの指導

デジタル・シティズンシップ教育の指導のあり方は、従前の情報モラル教育と似ている面があるので、看板の架け替えに過ぎないのではないか、という批判もあります。そうではないところをいくつか強調しておきます。

①テクノロジーは道徳のない増幅器である[4]

テクノロジーとは圧倒的なパワーだから、善い使い方をすれば自らの可能性を拓く道具となり、よりよい世界の構築に貢献しますが、誤った扱いをすれば自分のみならず周囲や社会にも害を及ぼします。当事者の欲望をグロテスクなまでに拡張するものだからこそ、「悪さ」以上に「善さ」とは何かに敏感でなければならないし、善き使い手としてのモデルを必要とします。

②テクノロジーの利用は、当事者の道具立て経験によって磨かれる

道具立てとは、特定目的に対して複数の実行手段が想定される際に、条件に応じた適切な選択を行うことです。これはひとつだけ手段を示して、同じ時間で同様の結果を期待するような授業指導では育ちません。ある程度自由が許される条件で、当事者が段取りを組み立て、後に過程や結果をふり返るところまでをセットにしなければなりません。

③責任は他者に対して負うものだけではない

米国では標準的なデジタル・シティズンシップ教材のひとつ、Common Sense財団の「責任のリング」では、「自分自身に対する責任」「周囲の人々に対する責任」「世界に対する責任」があると説きます。とくにおもしろいのは、責任は他者に対して負うものと限っていないことです。自己の健康や信頼を守ることは自分自身に対して責任を負うということです。また、世界に対する責任とは、たとえばオンライン・コミュニケーションだからこそ、子どもも大人も関係なく大きな影響を与えうること、公共圏・市民社会参加のための基礎であることに触れています。

④子どもも大人もデジタル・ジレンマを抱えている

デジタル・ジレンマとはネットワーク化された生活で発生する緊張関係であり、個人的・道徳的・倫理的・市民的の4領域があるとされます。よく引き合いに出されるのは、長時間利用への保護者懸念ですが、これは子どもに限りません。大人も同様にデジタルメディアの魅惑と生活とのバランスについてのジレンマがあります。このことは、同じ目線で対話をするきっかけにもなります。

⑤大人の常識や価値観を一方的に押しつけない

子どもを取り巻くメディア環境の変化は急速で、すでに動画視聴の中心はテレビ放送よりもオンラインサイトに移行しています。大人世代は子どもたちのバランス感覚がよく理解できないので、長時間タブレットやPCを使っていることが長時間視聴やネット依存ではないかと、懸念を募らせます。

こういった課題状況では、暗黙のうちに大人の常識や価値観を前提に、未熟な子どもを教化すべきという対処をとりがちになります。実際には、大人世代と子ども世代との間にある認識格差の方が問題で、一方的な指導を受ければ、子ども側は「大人はわかってない」と感じてしまいます。どのようにメディアを使い分けるのか、現実的な解決をどこに求めるのかは、丁寧な対話と認識の共有を必要とします。

⑥多様性への寛容もテーマのひとつ

Common Sense教材のひとつ「わたしのメディアバランスをみつける」では、それぞれに適切なメディアバランスは違うのだから、試してふり返って考えることが大切と説いています。一律にルールを与えて守らせるやり方では、それぞれ違うことへの寛容性は育ちにくくなります。

⑦利用規約や学級指導との整合性をとる

圧倒的にテクノロジーの利用時間・頻度・用途が拡大するのですから、そのリスクや対処するための要求知識・スキルも当然大きくなります。Common Sense教材では6領域が設定され、原則として幼児から高校3年まで各学年の教材（いずれも日本の授業感覚では1～3教時かかります）が配置されています。年1回30分程度の講話では不十分で、最低でも各学年4領域（4教時）は確保したいものです。同様に、テクノロジーの運用が学校の日常になれば、授業のみならず利用規約（運用ルール）の整備や日頃の学級指導が重要になってくるでしょう。

〈参考文献〉

①Ribble（2007,2015）Digital Citizenship in Schools: Nine Elements All Students Should Know, ISTE
②坂本旬ほか『デジタル・シティズンシップ――コンピュータ1人1台時代の善き使い手をめざす学び』（大月書店、２０２０年）
③Ribble & Park（2019）The Digital Citizenship Handbook for School Leaders, ISTE
④C．ファデルほか『21世紀の学習者と教育の４つの次元』（北大路書房、２０１５年）

教師のテレワーク

荒木　貴之（ドルトン東京学園中等部・高等部理事校長／情報経営イノベーション専門職大学特任教授／社会情報大学院大学客員教授）

コロナ禍ですべての授業を遠隔で実施

ドルトン東京学園中等部・高等部（東京都調布市）は、新型コロナウイルス感染症の感染拡大防止の観点から、２０２０年４月13日からすべての授業をオンライン化し、主としてZoom Meetings（以下、Zoom）を用いた遠隔授業を行いました。事前に確認したのは、すべての生徒が各家庭からインターネットへのアクセスが可能であるか、その際に帯域が十分であるかということであり、校長のメッセージをクラスごとにZoomでライブ配信するということを事前に告知し、４月７日に実際の配信を行ったところ、すべての家庭がインターネットへのアクセスが可能であったことから、実現できたものです。

オンライン授業では、教師は自宅からライブ授業を行いました。授業を担当する教師にあらかじめ伝達したのは、45分の授業を構成する際に、「10分~15分程度の内容でよい」「残りの時間は、生徒からの質問対応や生徒同士の協働作業を行えばよい」「すでにあるインターネット上の有用なコンテンツを使ってもよい」ということでした。ほとんどの教師がオンライン授業を実施した経験がないなかで、実質1週間の余裕もないなかでの授業準備となったので、教師には大きな負荷をかけることができませんでした。

オンライン授業の実施は総力戦であり、授業担当者以外は、チームコミュニケーションツールであるSlackを用いて常に情報共有を行い、ライブ授業を行う教員から、生徒がインターネットにアクセスできない、あるいは音声が出ないなどのトラブルが生じた際に、Microsoft Teamsを用いて当該生徒に助言を与えたり、電話連絡で様子を確認したりするなどしていました。

オンライン授業のノウハウは、Slack上に「zoom_授業_ノウハウ共有」というチャンネルが4月13日オンライン授業開始日に設置され、オンライン授業を行ううえでの有用な情報が蓄積されました。

その後、新型コロナウイルス感染症の感染状況の改善が見られ、教職員・生徒が学校での授業を行うようになった以降も、教員のなかには、子の出産の立ち会いのために東京を離れ、地方都市からZoomによるオンライン授業を行うこともありました。その際には、教室内の大型ディスプレイに遠隔授業を担当する教員の姿が投影され、同一教科の他の教員が立ち会い、授業は進行されました。現行の法による規定では、遠隔授業を行う際に、生徒がいる教室に同一教科を担当する他の教員がいなければ、授業として成立させることはできないのです。

このようにして、ドルトン東京学園中等部・高等部では、新型コロナウイルス感染症への対応という緊急事態に際し、すべての授業をオンライン化するなかで、教師のテレワークも含めた学校ＤＸ（デジタルトランスフォーメーション）を実現していきました。

教師のテレワークに必要な条件

テレワークが業務の効率を向上させるのかという問いに対して、興味深い回答があります。それは、Slack社が全世界を対象として行ったアンケート調査で、テレワークによる変化で日本の企業は生産性が４・５％低下したのにもかかわらず、世界全体では10・７％向上しているというものです。また、わが国では、テレワークにより、仕事に対する帰属感が希薄化するという懸念も見受けられました。これらわが国固有のテレワークにかかわる課題も見据えたうえで、教師のテレワークに必要な条件を検討してみたいと思います。

①セキュアなネットワークの利用

まず、第一の条件としては、教師も生徒も、ＶＰＮ（バーチャル・プライベート・ネットワーク）経由でのセキュア（安全）なネットワークの利用を可能とすることです。過去、文部科学省の「トビタテ！　留学ＪＡＰＡＮ」への申し込みが、公立学校に整備されたパソコンでは、セキュリティの関係から行えないという事例がありました。このことについては、ＧＩＧＡスクール構想の一環として、２０２２年度から学術情報ネットワークSINETの初等中等教育への開放が示されており、今後一定の改善が見込まれます。

②デジタル・コミュニケーション・ツールの活用推進

第二の条件は、デジタル・コミュニケーション・ツールの活用推進です。代表的なデジタル・コミュニケーション・ツールであるＬＩＮＥは、すでに社会的なインフラと認識されつつあります。文部科学省「子供の学び応援」や経済産業省「未来の教室」、東京都等の「新型コロナ対策パーソナルサポート」など、公的機関や行政が運営するＬＩＮＥアカウントも一般化しています。

コミュニケーションの手段が、携帯電話や電子メールから、デジタル・コミュニケーション・ツールへと移行がなされているなかで、教師自身も必要に応じてさまざまなデジタル・コミュニケーション・ツールを活用し、一部あるいは全部がテレワークとなった際にも、対面でのコミュニケーションと遜色ないレベルまで、情報の発信や共有について、慣れ親しんでおく必要があるでしょう。

③教職員の勤務体系の柔軟化

第三の条件としては、勤務体系の柔軟化です。新型コロナウイルス感染症の感染拡大防止という条件下、ドルトン東京学園中等部・高等部は、1日の勤務について、オンラインでの業務と学校に出校しての業務の時間を、教職員個人が調整できるようにしました。

毎朝8時にZoomで行う朝礼には、自宅や職員室、教科センターなど、各々の場所からアクセスし、情報共有が行われています。事前に共有すべき案件はSlackの関連チャンネルに投稿されており、生徒の出欠席等の情報も、Slack上で共有されます。たとえ朝礼に欠席しても、朝礼の情報は日英2言語で記録が即時にアップロードされ、すべての教職員が共通の認識をもって、業務遂行をすることが可能です。これらのデジタルのバックアップにより、生徒は教室、教師は自宅という状況下においても、授業を行うことが可能です。

④関連法の整備

第四の条件として、関連法の整備があげられます。現行法では、遠隔授業の受信側に教員が同席することが必要とされます。ドルトン東京学園中等部・高等部の教育実践においても、遠隔地にいる教師と受信側にいる教師とのティーム・ティーチングとすることで、遠隔授業を成立させました。

また、現行法においては、全日制高校普通科の授業として、通信制高校が実施する遠隔授業をもって、単位修得を認めることはできません。このように、遠隔授業の実施にはさまざまな制約があり、Society5.0時代を見据えた条件整備が必要でしょう。

＊

以上、教師のテレワークの可能性について、すでに行われている実践をあげながら論考を進めました。学習者の立場からは、リアルとデジタルの学びを融合し、学びの状況がクラウドで保管・管理され、習得した知がマッピングされ、学習者と指導者も可視化された学びのデータに基づき、意欲や興味・関心をもって学習に取り組むことができるようになるのが、少し先の未来の学習スタイルになるのではないでしょうか。そこには、自分の学習を自分で調整する、自律した学習者の像が見えてきます。

デジタル教科書

寺尾　敦
（青山学院大学教授）

デジタル教科書の法的位置づけ

２０２１年７月の時点で、児童・生徒が使用するデジタル教科書（「学習者用」デジタル教科書と呼ばれる）の法的位置づけについて、学校教育の関係者が知っておきたいポイントは次の二つにまとめられます。

①デジタル教科書の内容は紙の教科書と同一である。
②紙の教科書を使用することが基本であり、デジタル教科書は教育の充実を図るために紙の教科書に代えて使用する。

第一の点については、少なくとも今後数年間では、変更は生じなさそうです。一方、第二の点については有識者会議での議論があり、今後数年の間に変更が生じるかもしれません。

（1）紙とデジタルの教科書の内容は同一

学校教育ではすべての児童・生徒が教科書を用いて学習を行っています。学校教育法第34条では、学校教育での教科書の使用を、「小学校においては、文部科学大臣の検定を経た教科用図書又は文部科学省が著作の名義を有する教科用図書を使用しなければならない」と定めています。この第34条は小学校の規定ですが、中学校と高等学校にも準用されます。

学校教育での使用が義務づけられた教科書の媒体として、従来の紙に代えてデジタルを使用したものがデジタル教科書です。「学校教育法等の一部を改正する法律」（平成30年法律第39号）において、学校教育法が改正され、２０１９年4月よりデジタル教科書の使用が認められました。具体的には、第34条2項において、「教科用図書の内容を文部科学大臣の定めるところにより記録した電磁的記録である教材がある場合には、児童の教育の充実を図るため必要があると認められる教育課程の一部において、教科用図書に代えて当該教材を使用することができる」（一部省略）

と定められました。この条文中の「教科用図書の内容を文部科学大臣の定めるところにより記録した電磁的記録である教材」がデジタル教科書です。

この規定により、冒頭で第一のポイントとして述べたように、紙の教科書とデジタル教科書の内容は同一となります。関連する法律として、学校教育法施行規則第56条の5では、「学校教育法第34条第2項に規定する教材は、同条第1項に規定する教科用図書の発行者が、その発行する教科用図書の内容の全部（電磁的記録に記録することに伴って変更が必要となる内容を除く。）をそのまま記録した電磁的記録である教材とする」（一部省略）と定められています。つまり、教科書出版社が、これまでの紙媒体に加え、デジタル媒体でも同一内容の教科書を発行するということになります（義務ではありません）。紙の教科書が教科書検定の審査に合格すれば、内容が同一であるデジタル教科書について、あらためて審査は行われません。

デジタル教科書というと、音声や映像のある華やかな教科書がイメージされるかもしれません。実際、多くのデジタル教科書では、人による朗読音声が収録されていたり、QRコードから動画教材にアクセスできたりなど、紙の教科書以上の内容が含まれています。しかし、紙の教科書にはない音声や映像は、学校教育法第34条4項で「教科用図書及び第2項に規定する教材以外の教材で、有益適切なものは、これを使用することができる」と使用が認められているデジタル「教材」であり、教科書の範囲には含まれません（機械読み上げ音声は含まれます）。教科書出版社の工夫により、デジタル教科書と連携した教材が提供されているのです。

教科書出版社は、児童・生徒が使用する「学習者用」デジタル教科書とは別に、教師が使用する「指導者用」デジタル教科書を発行しています。指導者用デジタル教科書は、教科書と呼ばれてはいますが、法的な位置づけは教材です。実際、指導者用デジタル教科書には、学習者が使用する教科書（紙あるいはデジタル）にはない、さまざまな教材と機能があります。

(2) 教育の充実を図るために限り使用できる

紙の教科書との同一性のほかに、デジタル教科書について学校教育法第34条第2項で規定されているもう一つの重要な点は、デジタル教科書は紙の教科書の代用品であって、教育の充実を図るため必要と認められる場合に限って使用できるということです。すなわち、「児童の教育の充実を図るため必要があると認められる教育課程の一部において、教科用図書に代えて当該教材を使用することができる」のであって、ある教科のすべての授業をデジタル教科書だけで行うことは認められていません。

時間的にどの程度までデジタル教科書の使用が認められるかについて、2020年度までは、各教科の授業時数の2分の1未満という制限がなされていました（平成30年文部科学省告示第237号「学校教育法第三十四条第二項に規定する教材の使用について定める件」）。この制限は2021年度から撤廃されましたが（令和3年文部科学省告示第55号「学校教育法第三十四条第二項に規定する教材の使用について定める件の一部を改正する件」）、文部科学省初等中等教育局は「学習者用デジタル教科書を各教科等の授業時数の2分の1以上において必ず使用しなければならないということを意味するものではなく、あくまでも必要に応じて学習者用デジタル教科書をより有効に使用できる環境を整えるための措置である」としています（2文科初第2050号「学校教育法第三十四条第二項に規定する教材の使用について定める件の一部を改正する件の公布及び施行等について（通知）」）。

発達障がいや視覚・聴覚障がいなど、特別な配慮が必要となる児童・生徒については、授業時数の制限はもともとされていません（学校教育法第34条3項）。たとえば、学習障がいや視覚障がいのために文字の読みに困難がある児童・生徒に対しては、デジタル教科書を使用して、文字を拡大したり、音声の読み上げを行ったりする支援が、すべての授業時間において行われてよいのです。ただし、教師の期待どおりの効果が得られない場合や、機器の不調等によって教育上何らかの支障が生じる恐れがあるため、紙の教科書をいつでも使用できるように用意しておく必要があります（文部科学省「学習者用デジタル教科書の効果的な活用の在り方等に関するガイドライン」脚注13）。

デジタル教科書の効果的な活用

当面の間、紙の教科書とデジタル教科書が併用されると考えられます。公立学校でのデジタル教科書の普及率はまだ低いですが、２０２４年度の小学校教科書の改訂にあわせて、デジタル教科書を本格的に導入しようとする動きがあります。たとえば、「デジタル教科書の今後の在り方等に関する検討会議」は、２０２１年３月に公表した中間まとめで、２０２４年度を「デジタル教科書を本格的に導入する最初の契機」としました。紙とデジタルの組み合わせとして提示された5つの案には、「全ての教科等において、デジタル教科書を主たる教材として使用する」という、デジタル教科書への全面移行案も含まれていました。しかし、紙からデジタルへの急速な移行には、パブリックコメントなどで、懸念の声が多く寄せられました。

こうした懸念に対して、萩生田文部科学大臣は、3月16日の閣議後記者会見で、

２０２４年度までに全面移行することが前提ではないと述べました。２０２１年６月に公表された検討会議の第一次報告では、中間まとめにはなかった「検討を進めるに当たって留意すべき事項」が加えられ、「教育上の効果や健康面への影響も含めた全国的な実証研究の成果等を踏まえつつ、更には財政負担も考慮しながら、今後詳細に検討する必要」があるとされました。

紙とデジタルにはそれぞれ特徴があります。たとえば、読解力の育成には紙の教科書の方が優れているとされます。一方、デジタル教科書では、文字の拡大や音声の読み上げなど、紙の教科書ではできなかった学習支援が可能となります。媒体の特徴を生かした学習方法を工夫し、「主体的・対話的で深い学び」が行われるようにすることが求められます。２０１８年12月に文部科学省が公表した「学習者用デジタル教科書の効果的な活用の在り方等に関するガイドライン」では、学習者用デジタル教科書および教材の主な学習方法として、

①学習者用コンピュータで使用することにより可能となる学習方法（拡大表示、書き込みなど）

②他の学習者用デジタル教材と一体的に使用することにより可能となる学習方法（音声や動画の利用、ドリルやワークシートなど）

③他のＩＣＴ機器等と一体的に使用することにより可能となる学習方法（電子黒板の活用、ネットワーク環境を利用した情報共有など）

の三つを例示しています。

文部科学省は、２０２１年度から、「学習者用デジタル教科書普及促進事業」において、デジタル教科書を用いた大規模な実証事業を開始しました。１人１台端末の環境が整っている小・中学校を対象として、デジタル教科書をクラウドで提供し、効果・影響の検証を行います。デジタル教科書のプラス面だけに焦点を当てるのではなく、紙とデジタルそれぞれの特徴を活かした授業実践を蓄積していく必要があります。

7章

これで解決！ GIGAスクール1問1答

実践レポート①　どうやって1人1台端末を使えるようになったか？

GIGA成功のポイントは、個別学習→一斉学習→協働学習の3ステップにおける実感を伴う授業観の転換

朝倉　一民（札幌市立発寒南小学校教頭）

使われなかった1人1台端末

2013年、私が当時研究主任だった頃、ICT活用に力を入れ、パナソニック研究助成や札幌市の研究事業に応募し、その助成金でiPadを一クラス分購入しました。「一クラス分あれば、授業で十分つかえそうだ」と当時は、多くの学級で活用されることを期待していました――しかし、その予想とは裏腹に、担任の先生たちは一度は使ってみるものの、継続して活用するという学級はほとんどありませんでした。理由は簡単でした。当時はまだ1人1台端末を使う授業イメージがなかっ

たこと、そして、1人1台端末＝1人1トラブルだったことです。そこで私は、どうすれば各学級で1人1台端末を使ってくれるかを考え、先生たちに提案をしていきました。

デジタルドリルの導入

1人1台の状況ができたことで、まずはどの子もスムーズに取り組むことができる「問題を解く」活動を推進しました。授業の終末に学びの確認として問題に取り組むことは、それまでもミニテストなどで行われてきたものなので先生たちも授業イメージをもてたようでした。すると先生たちが、普段のミニテストとは違う効率と効果を実感し始めました。

- 作成や印刷の手間がない
- その子に合わせた問題を提供できる
- 即時、採点され、確認問題も提示できる
- ヒントや解答の解説が充実している
- 学習履歴が残る

デジタルドリルで「問題を解く」活動

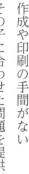

つまり、業務としては印刷や採点の手間がなくなり、それでいて、個々の能力に応じた問題を提示できることは、これまでそうしたかったけれど、個別最適化に限界を感じていた先生たちにとって腑に落ちるものだったのです。このドリル導入を機に、1人1台端末の稼働率はあがっていきました。

一人ひとりを把握できる授業支援アプリ

デジタルドリルをきっかけに、先生も子どもも端末の活用に慣れてきました。そして、先生たちからは、導入や展開場面でも使ってみたいという声が聞こえ始めました。そこで導入したのが、「授業支援アプリ」です。授業支援アプリは、先生と子どもたちの端末同士がつながり、授業の双方向化を可能にするアプリです。先生が持つ端末には子どもたちの画面が一覧表示されています。これを大型モニターに提示することで、子どもたちも友だちの考えを知ることができます（自分の端末上でも可能です）。また、資料を配ったり、ワークシートを配ったりしていたものを、デジタルで端末に配付することもできます。これまでの授業スタイルを変えずに効率的に授業を展開できることに加えて、一人ひとりの画面を確認できることによって、個々にきめ細かい指導ができるようになったことを実感していました。

●一人ひとりの考えを即時に確認できる
●友だち同士で考えを比較することができる
●特定の考えを取り上げることができる
●全体の傾向がわかる

一斉授業では、全員の考えを把握するのは困難です。そのため先生たちは、ノートを集めて、放課後に朱書きしてということを繰り返してきました。しかし、授業支援アプリを活用すれば、それが授業中に瞬時にでき、一斉指導でありながらも個別の対応が容易にできます。これまで、挙手による発言のなかで埋没していた子どもたちの考えにも焦点を当てることができるようになったのです。

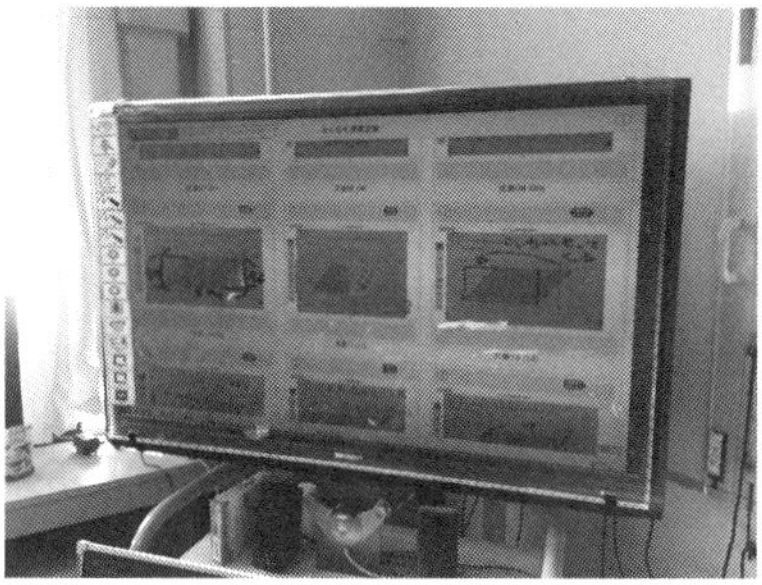
授業支援アプリで子どもの画面を一覧表示

協働的な学びへ

デジタルドリルを使うことで子どもたちのスキルが向上し、授業支援アプリを活用することで先生たちのスキルも向上しました。このタイミングで先生たちに提案したのが、学習のまとめとして、協働的なプレゼンテーション活動を組み込むことでした。これまで学習のまとめといえば、「新聞作成」が定番でしたが、文字を書くことが苦手であったり、筆圧や文字のバランスのコントロールが困難だったりする子どもたちにとっては、学習に対する意欲を失ってしまう現状がありました。

しかし、プレゼンテーション活動は、自らの端末でインターネットを使って調べたり、写真や動画を撮影したりしながら、自分の考えを表現することができます。大型モニターにつなげば、スライドを表示しながら発表することも容易にできるようになりました。また、同時編集も可能になることで、チームでテーマを分担して調査や編集を行い、互いの進捗情報を確認しながら、参考にしたり、助言したり、修正したりという対話を生みながらの協働的な学びを実現することができます。

プレゼンテーション活動を取り入れることで、学習のねらいが明確になり、子どもたちはどのように端末を活用すれば自分の考えをよりわかりやすく表現できるか、先生たちは、どのような授業デザインをすることで授業のゴールに向かわせることができるかといった両者のリテラシーの向上につながりました。

主体的な子どもを育てる学習フィールド

現在、本校でもＧＩＧＡスクール構想のもと、全校児童にクロームブックが配付され運用しています。ここまで述べてきたように、まずは「デジタルドリル」を導入し、授業支援アプリ、協働的な学びへと順調に活用の幅を広げています。今はまだ、「とにかく1人1台端末を使う」段階であると思います。「手段が目標になっている」状態ですが、私は1人1台端末を普及させていくには大事なステップであると考えます。しかし、重要なことは、1人1台端末で子どもたちも自律的に使えるようになると、これまでのように教室のなかで、黒板を向いて学習することだけでは、子どもたちに多様な資質・能力を発揮させることができないということです。したがって私たち教師にできることは、時間軸、空間軸を広げた学習フィールドを準備することです。

本校でも先日、アイヌ文化について学習をまとめた4年生が他県の小学生に伝えたいと考え、関東や

他県の子どもたちとも共に学べる喜びを実感

近畿、四国の小学校とZoomや交流掲示板を使った意見交流を行いました。本校児童はアイヌについてまとめたことをプレゼンテーションし、その動画を他県の子どもたちに見てもらい、他県の子どもたちも自分たちの地域の自然や特産物の紹介をまとめて、互いに交流掲示板で感想を付箋に書き込む交流を行いました。

北海道から遠く離れた小学生といっしょに勉強することの喜びを、とても実感しているようでした。「アイヌのことは知らなかったのでとても勉強になりました」と感想が寄せられ、笑顔で返信する子どもたちもいました。先生たちは、GIGA環境において「協働的に学ぶ」とは、学級の子どもたちだけではなく、全国どこの小学校ともつながることができるということを自覚して、授業デザインすることが必要です。

カリキュラム・マネジメントの必要性

これらの取り組みには、情報活用能力の育成が必要です。それは、専門教科にとらわれず、①教科横断的な視点が必要だということです。また、子どもたちの1人1台端末の活用の様子や先生たちの授業改善についても、年間に一度はふりかえり、改善していく②評価も行うことが必要です。当初の想定とは違う状況が課題としてあがってきたら、目標を変更するなど柔軟な対応力が強い組織力をつくります。

さらに、ＩＣＴ活用を推進していくには、どうしても「アプリのライセンス購入」や「ＩＣＴ機器の導入」といった③物的リソースが必要で、これは学校として前例主義にとらわれない「金策」をしっかりと計画することが重要となります。たとえば、教材の購入を教科ごとに、教科担当者が機械的に今ある教材を更新していくような視点ではなく、学校全体として何にお金をかけていくかを②の評価のもと方向性を決めていくことが必要です。

予算があるからと無理に買って、結局使わない教材や教具はないでしょうか？また保護者が負担する教材費も、前例踏襲で業者テストを購入するのではなく、デジタルドリルのライセンスなど新しい教材費の理解をしてもらうことも必要です。子どもたちの活動が教室の外に広がっていく場合は、地域の協力や③人的リソースも必要となってきます。地域の方々の協力、専門家の来校、遠隔地との交流など、カリキュラムに数年計画で位置づける関係性を築き、整理することが必要です。いわゆる「社会に開かれた教育課程」のゆえんです。

これら①②③を調整するのが「カリキュラム・マネジメント」です。ＧＩＧＡスクール構想の小さな一歩は、この俯瞰した地図の中での一歩でなければならないのです。

実践レポート② GIGAスクールで主体的な学びをどう実現したか?

先生それぞれの「得意分野」を生かして、ワクワク楽しい授業を!

毛利 靖(茨城県つくば市立みどりの学園義務教育学校長)

すごいことをする必要はない、完璧に覚える必要もない

「子どもたちはスクラッチが得意なので何か教科でやってみると楽しいですよ」。今年度、本校に赴任された教員に声をかけると「はい、がんばってプログラミングを覚えます」という声が返ってきました。

すると、今までいた先生から「先生が覚える必要はないですよ。先生はどこでどんなふうに使うかがわかればいいのです。私だって、スクラッチあまり知りませんよ」という声があがりました。

先生は、教師というプライドがあって、子どもの前では何でも知っていないと恥ずかしいという気持ちが強いものです。また、子どもも「先生、そんなことも知らないの？」と教師を試すような言い方をします。

新学習指導要領で述べられているように、これからの世の中は、「知っていること」が重要なのではなく、「チャレンジすること」「創造すること」「協調すること」など、主体的・対話的で深い学びを実現することが重要なのです。

これは、子どもだけでなく、教師も同じことが言えます。「まず、教師がＰＣ操作を習得しなければならない。そして、教師間で差があってはならないので、これから教員研修を行う。その研修が終わるまでは、ＧＩＧＡ端末は届いても段ボールに入れたままで触らないように」という話を聞きます。しかしそれでは、昔の教え方と何ら変わらないままではないでしょうか。

「教員研修が終わらないと子どもにはタブレットを使わせない」とか、「プログラミングは教員がわからないからやらない、そんなの専門家に任せておけばよい」という発想ではなく、プログラミングを活用する学習では、教師はファシリテーターのような役割を果たすことが大切で、プログラミングが得意な子どもが先生役になったり、ネットやYouTubeで使い方を学んだりすれば、教師が1から10まで教える必要はないのです。

こうしたことを教員間で共通認識することが、技術的なことを教員研修する以上にきわめて重要であると考えています。

得意な先生が先に実践して情報共有

みどりの学園義務教育学校は、2018年4月につくば市の公立学校として開校し、小学校（前期）担任20名のなかでプログラミングについて知っている教師は2名しかいませんでした。

当時、つくば市ではプログラミング学習を小学校全学年で先行実施しており、ただでさえ忙しい開校当初からどのようにしたら実施できるかを考えました。

まず、プログラミングの授業は行ったことはないものの知っているという2年生の先生が挑戦してくれることになり、図工「不思議なたまご」の単元の学習でプログラミングを取り入れて実践しました。担当した先生は、子どもが操作に迷わないように手順を書いたワークシートをつくったり、手本をつくったりして授業を行いました。他の学級の先生は、学習の合間に参観したり、撮影した授業を見たりして学んでいきました。

そして、最初に実践した先生がつくったワークシートを自分なりに改良したり、先に制作した学級の子どもたちのプログラムを参考にしたりしながら実践を行っていきました。

当時2年生は4学級あったため、最初に行った学級と最後に行った学級とでは、かなり時間が空いてしまいましたが、最後に行った学級担任はプログラミングの経験はなかったものの、楽しく上手に授業を行うことができました。

これまでの学校では、いつも横並びで、一緒にやらなければいけないという風潮がありましたが、それをなくすことでこうした実践が実現できたと考えます。

さらに、2年生の授業を参観していた1年生の先生が、国語物語教材「スイミー」での役割演技をプログラミングで行い活用が広がっていきました。

さらに、2年生担任でプログラミングを初めて行っ

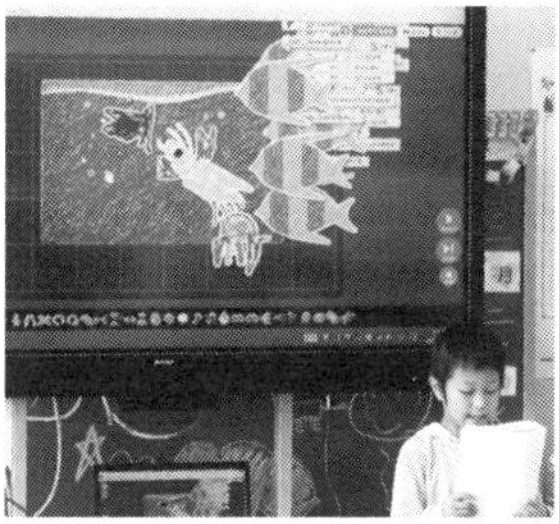

1年生プログラミング学習

2年生プログラミング学習

た先生が、次年度、3年生を担任し、国語「詩や短歌」の学習でその情景をプログラミングで表現することを思いつき、実践するなどプログラミング学習が深くなっていきました。

このような実践方法で、長時間の教員研修を行うことなく、開校1年目から小学校1年生から6年生までの全20学級で、担任がプログラミング学習を実践することができました。

お互いの得意分野を交換しながら実践

4年1組の先生は、社会科デジタル教科書を使ったり、プログラミングで社会科クイズをつくらせたりするのが上手。

2組の先生は、子どもたちに理科の野外観察でタブレットを使って取材させたり、それをもとに比較検討させたりすることを思いつきました。

3組の先生は、ロボットカーのプログラミングをグループごとに考えさせ、カーレースをさせることで創造力や思考力を身につけさせようと考えました。

4組の先生は、音楽が専門で、スクラッチで作曲をさせるのが得意です。

これらは、校長が「これをやってください」と言って行っているのではなく、自分たちの得意分野のなかで、主体的に考えて、楽しみながら実践しています。そして、お互いに授業を参観したり、放課後、情報交換したりしながら実践を交換して行っています。

どの学習も教師自らが主体的に行っているため、やらさせ感がなく、先生も子どもたちと授業を楽しんでいるように見えます。

「ＧＩＧＡ端末が入ったから何かやらなくちゃ」「失敗しちゃいけない」という悲壮感はなく、「その授業、おもしろそう。どうやってやるの？」「こうやってやると楽しいよ」というワクワク感が感じられる学年での取り組みでした。

4年生プログラミング学習

管理職のチェックがなくてもホームページをアップ

「外部に出すものは管理職が必ずチェックしてから」という学校が多いと聞きますが、本校では、ホームページの事前チェックを行っていません。

それは、それぞれの教師が、ホームページのメリットと危険性を理解しているからです。本校には特別支援学級を含め約60学級あります。それをいちいち、担任―学年主任―教務主任―教頭―副校長―校長が検閲してからアップすると数日かかってしまい、タイムリーな記事ではなくなってしまいます。アップする側も「どうせ直してくれるから」と真剣度が下がってしまいます。

事前チェックを行わずにホームページを運用したところ、開校以来、3年3ヵ月で、80万アクセスを記録しました。

GIGA端末を活用した授業を行う場合も、「こんな使い方はダメと言われてしまうかもしれない」と考えて、いちいち管理職に「こういうふうに使いたいと思いますが、いかがですか」などと伺いを立てながら授業を行ったとしたら、萎縮してしまい楽しくないはずです。

「目の健康を考えて休憩をとる」「インターネット検索ばかりに頼らない」などICTを活用する際の最低限のルールは守りながら、先生方や子どもの豊かな創造性を発揮したワクワクする楽しい授業を主体的に考えてどんどん進めています。

コロナ休校初日から「オンライン学習」

2020年4月、本校も始業式の日に登校しただけで、翌日から休校することとなりました。

そこで、休校初日より、全職員による「オンライン学習」を行うことにしました。準備も何もない状態で、しかも、今までに誰も経験したことのない「オンライン学習」をどのように行ったらよいかを考え、「デジタル教科書を使って授業をしている様子をビデオに撮影して配信」することにしました。

しかし、それにはいくつか課題がありました。教員も密にならないように定時には退勤しなければならず、撮りなおしたり、編集したりする時間がありません。

新採の先生が作ったオンライン動画

先生側からの懸念として、動画がダウンロードされ加工されて拡散されてしまうのではないか。また、保護者も見ることができるので、アップする前に管理職がチェックしたほうがよいのでは。さらには、家庭にインターネット環境がないと見ることができない子どもが出てしまう、などがありました。

これを解決するために保護者に次のようなメールを送信しました。

「家庭でがんばっている子どもたちのために、職員でオンライン動画をつくって配信します。毎日配信するために次のことを了解してください。

1．動画は撮りなおしできません。先生の言い間違えなどもリアル感があると思ってご容赦ください。

2．動画は見るだけで、ダウンロードしたりURLを他校に教えたりしないようにしてください。

3．動画を見ることができないご家庭は、動画を入れたタブレットを貸し出します。」

こうして、先生方は安心してオンライン動画を作成することができ、全職員で休校中に作成した動画は500本を超えました。

家庭からオンライン動画で学習する子ども

このように全職員で作成することができた理由の一つが、開校以来、すべての先生が授業で日常的に活用してきた「大型提示装置とデジタル教科書」にあります。オンライン動画をつくっているときも、目の前に子どもたちがいると想像して撮影に取り組んだため、特別な研修を行うことがなくとも無理なく作成することができました。

その成果として、オンライン動画の視聴のためのアクセスが1日あたり最高

１万６０００になるなど利用率が高まりました。前頁の写真は、教師が作成したオンライン動画を家庭から視聴しながら学習している様子です。

ＧＩＧＡ導入初日から子どもが活用

２０２０年12月にＧＩＧＡ端末がやってきました。しかし、設定をしないとすぐに使うことができません。アカウントを作成し、クラウドのソフトを利用できるように設定しなければなりませんでした。

それを先生が一人ひとりの端末でやっていたらたいへん手間がかかってしまいます。そこで、子どもたち自身の手で設定してもらうことを考えました。

６年生に説明書を渡すと、それを見ながらあっという間にできてしまいました。下学年のセッティングも上級生が手伝いました。

なんと、端末が来た４日後には、市内の教員向けに、全学級の授業を公開することができたのです。「つくば市総合教育研究所『一人一台授業実践―つくば市ＧＩＧＡスクール構想』」の動画に、１３００名の小・中学生が生き生きと楽しそうに学習している姿が映し出されています。どの授業も、それぞれの教師が主体的に創造性を発揮しながら自分の得意分野の授業案を作成し実践したものです。

こうしたことを可能にしたのも、これまで日常的にICTを活用した学習を行ってきた成果であると考えます。

ベテランの先生が率先して活用

世間では、「ベテランの先生がGIGAスクールで困惑」「50代以降の教員はスキルが心配」などと言われています。

本当にそうなのでしょうか。日本の先生は本当に優秀で使命感も強いです。そのため、子どもたちのために自ら進んで教材づくりや研修を行い、長時間労働になることが問題になっています。

ベテランの先生方も同じです。こうした先生は経験豊富であり、「この授業ではこの部分がポイント」「いつも、ここで子どもたちはつまずく」「この課題は授業が盛り上がる」などのポイントをよく知っています。

GIGA端末の設定をする小学生

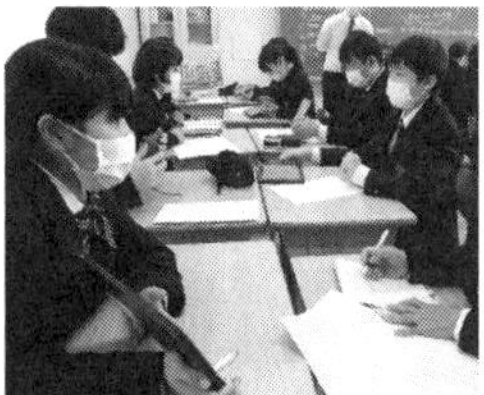

GIGA端末での9年英語のプレゼン

GIGA端末を使った1年道徳

だから、それを解決するためにＩＣＴを活用すれば、授業改善につながるのです。

　本校では、ベテランの先生方が上手にＩＣＴを活用しています。中学校特別支援学級の数学の先生は、生徒が理解しにくい「比」「約分」の学習にスクラッチを使った的当てゲームを行っています。スクラッチの画面右側に配置した恐竜を的にして、どの角度で撃てば当たるのかを考える学習です。

　生徒は、角度を決めるために、$\frac{9}{12}$などの分数を使います。うまく当たらないときには、分子の数を変えてみたり、約分してみたりしながら、「比」や「約分」を学習していきます。生徒は、楽しみながら学習しているのです。

ベテランの先生が自作プログラミング教材

　この先生は、これまでスクラッチなどプログラミングを行ったことはありませんでしたが、本校で同僚が使っているのをヒントにして自分で教材を作成したのです。年々その教材を改良し、中学生だけでなく、小学生にも対応したプログラムをつくっています。

ほかにも、社会の再任用の先生は、毎日デジタル教科書を活用してわかる楽しい学習を行い、子どもたちも集中した学習が展開されています。さらに、4年国語物語教材「こわれた千の楽器」で、お気に入りの場面をスクラッチを使って情景を表す学習を子どもたちと楽しく行っている再任用の先生もいます。こうした先生方は、他の先生から謙虚に使い方を教わったり、逆に、自分が実践した学習を若い先生に教えたりしています。

このように、同僚性を発揮することで、みんながスキルを享受し、楽しく学習を行っています。

教師の主体性を保障すればやる気UP

「GIGA端末を使える学級とそうでない学級があると差が出るのでまだ使ってはいけない」「どんな使い方をするか学年で決めてから使うこと」「壊すと教育委員会に怒られるから保管庫に鍵をかけて」。こんなことを言っていると、教師のやる気もなくなりますし、そもそも授業が楽しくありません。学習指導要領で述べられている「主体的・対話的で深い学びの実現」を教師にも当てはめることがとても重要です。教師が自分の主体的な考えを発揮できる学校環境にし、心理的安全性が保障されることで、教師のやる気もアップするのではないでしょうか。

ＧＩＧＡ端末を文房具のように使うようになれば、教師が学び方を決めるのではなく、子どもが創造性を発揮しながら学び方も見つけるようになります。そうなれば、クラスごとに授業が変わるどころか、同じ学級の中でも学び方が変わってくるかもしれません。そんなとき、子どもの掌握ができず慌てる先生ではなく、「いろんな考え方があってすごいね」とほほ笑んでいる教師になりたいものです。

GIGAスクール構想お悩み相談

水谷　年孝
（愛知県春日井市立高森台中学校長）

GIGAスクール導入・実践にあたっての各地の先生方からのお悩みについて、文部科学省ICT活用教育アドバイザーでもある水谷先生にお聞きしました。

Q1　学校全体で取り組むために、まず心がけることはどのようなことですか。

GIGAスクール構想で整備されたICT環境は、これまでとは全く違った環境です。児童・生徒に1人1台の端末が整備されただけではありません。より重要なことは、従来ほとんど活用したことがなかったクラウド環境の活用が前提であることです。このように新たな環境を活用することには、期待感もありますが、どのように活用していいのかわからないという不安感の方が大きいものです。まずは、この環境が便利なものだと感じてもらえるように、先生方が体験を多くできるようにしていきます。そこで、授業ではなく、日常業務での簡単な活用体験から始めて、その便利さを体感してもらいましょう。さらにその体験のなかで、授業活用イメージを持ってもらうようにしていきます。

Q2

パソコンの活用に慣れていない教員が、クラウド環境を活用する便利さを体験できるようにするには、どのようにすればよいですか。

クラウド環境の活用の利点は、同時協働編集が可能で、容易に情報共有ができることです。日常業務では、常に情報の共有をしていますので、従来から行っていた活動をクラウド活用の活動に置き換えてみることから始めてみましょう。

行事の反省や何かの提案に対して意見を求める活動、授業研究後に意見を共有する活動などは、校内で頻繁に行われる活動です。これまでであれば、作成した意見記入用紙を配付→各自意見を記入後提出→係が集約してまとめを作成→配付して意見共有→再度検討や協議……と手間も時間もかかっていました。

これをクラウド活用の同時協働編集で、短時間で容易に情報共有ができることを体験させていきます。いわゆる業務のDXをはじめてみようということです。ただ、言葉でいろいろ説明すると、何かむずかしいものと敬遠されがちですので、まずは体験してもらうことが大切です。

以下、Google Workspace for Educationを活用した場合を例に、活動例を簡単に紹介します。

①行事の反省などの集約でGoogleスプレッドシートを利用

まずは行事の反省などの意見集約でGoogleスプレッドシートを利用してみましょう。意見入力用シートを用意して、そのURLを共有するだけです。随時意見を入力してもらい、さらに入力された意見を見てコメントを入力するなどの活動を進めていきます。同時に協働編集ができることや、全員の意見が1枚のシートですぐに共有できることを容易に体験できます。

②授業研究後の集約でGoogleスライドを利用

授業研究後の意見や感想を集約する場面では、各自が書き込む情報量が増えるので、Googleスライドを使い、1人1枚のスライドに意見などを入力してもらい、同じように情報共有をします。

③会議での意見提出にGoogle Jamboardを利用

さらに、会議のなかで意見を自由に出してもらう場面では、デジタル付箋に各自が意見を入力し、Google Jamboardを使って意見の共有や同時協働編集をしてみるといいでしょう。

このような活用を日常業務で繰り返し行うことで、その便利さを体感してもらうことができます。なお、このようなクラウド活用は、日常業務の改善につながることは言うまでもないことです。

Q3　教職員はみな忙しく、研修の時間がとれません。どうすればよいでしょうか。

前述のような活用体験を繰り返しながら、会議などで全員が集まった際に、その最後に少し時間を確保し、一つのことだけを体験するスモールステップの研修を繰り返していくことが有効です。さらに、会議などの最後に設定することで、よくわかっている人は自由参加にすることも可能です。従来は、まとまった時間を確保して、全員が集合して多くの内容についての研修を設定していました。しかし、一度に多くの未知のことを体験しても、不慣れな教員にとっては消化不良で苦手意識がより強くなってしまう可能性がありますので、一つのことを確実に体験できる場が必要です。

また、このようなクラウド環境を活用するための研修だけでなく、Googleクラスルームのような LMS（学習管理システム：Learning Management System）を活用し、クラウド環境を活用した非同期のオンライン研修を実施することも有効です。研修の進め方の資料、研修内容に関する解説動画や資料はもちろん、事後確認のフォームや、質問や感想を共有するシートやスライドもLMSに入れておきます。各自、都合がよい時にLMSに参加して研修を進めます。このような研修を通して、LMSを実際の授業に活用するイメージをはっきりさせることができます。もちろん、このような研修は、職員の勤務時間の有効な使い方につながります。

Q4　授業での活用は、どのようなことから始めるとよいですか。

ここまで説明してきた活用体験を繰り返すことで、授業のどのような場面で活用できるかといったイメージを持つことができると思います。有効な活用を、と新たな活動を考えるのではなく、まずはこれまでの授業で行っていた活動を1人1台端末とクラウド活用に置き換えることから始めることです。

たとえば、授業の振り返りをクラス全員が同じシートに同時に書き込んで共有をしたり、まとめを1人1スライドに入力して共有したりする活動が取り組みやすいです。また、これまでよく行われていた付箋に意見を書いて小型ホワイトボードに貼って共有していた活動も、デジタル付箋を活用した活動に容易に置き換えることができます。

Q5

どのように授業活用を校内全体に広げていくとよいでしょうか。

授業活用の様子を知ってもらうためには、もちろん多くの授業を直接見てもらうことが一番の近道です。しかし、そのための時間の確保はなかなかむずかしいものです。そこで、クラウド上のチャットを活用して実践の共有を進めます。授業の写真や動画に少し授業の説明をつけてチャットで共有します。これだけでも、授業活用の様子は十分に伝わります。また、チャットなので質問や感想などをいくらでも書き込み、やり取りすることができ、対面でなくても双方向のやり取りができます。このような方法で、簡単に実践を共有し、校内に広めることが可能です。

Q6

（管理職からの質問）私はＩＣＴが苦手なのですが、どのようにかかわっていけばよいでしょうか。また、ＩＣＴの活用に役立つ情報をどのように入手すればよいでしょうか。

苦手といっても、スマホは使っていることでしょう。また、他校の管理職たちとの連絡にメールを使ったり、資料作成にICTを使ったりしていますよね。それなら、大丈夫です。苦手と思わないようにすることです。ここまで説明してきた日常業務での活用を、自分から積極的に進めて体験を多くすることが近道です。さらに、他校の管理職との情報交換も、メールではなくクラウド環境を活用した情報共有にしたり、対面や電話での連絡や会議ではなく、オンライン会議システムを使ったものにしたりなど、いろいろな活用を取り入れいくとよいでしょう。結果的に、このような活用は管理職の業務改善につながります。

ICTの活用に役立つ情報は、ネット上に多数あります。文科省のGIGAスクール関連情報、とくに「StuDX Style」サイト[1]を起点に情報を探すとよいでしょう。YouTubeには参考になる動画が多数公開されています。また、NITS（教職員支援機構）[2]からもYouTubeで多くの研修動画が公開されています。なお、OSを提供する3つの企業（Apple Inc.[3]／グーグル合同会社[4]／日本マイクロソフト株式会社）[5]も、活用事例の動画などの参考資料を多数掲載していますので、参考にするとよいでしょう。

さらに、毎週末、多くのオンラインセミナーが開催されています。そのほとんどが無料です。積極的に参加して情報を得るとともに、その場での情報交換により、離れた地域とのつながりを広げることもこれからの管理職として大切だと思います。

①文部科学省「StuDX Style」 https://www.mext.go.jp/studxstyle/
②NITS（教職員支援機構） https://www.nits.go.jp/
③iPadを活用して学習効率を高める（提供元 Apple Inc.）
https://www.mext.go.jp/content/20201013-mxt_jogai01-000010310_001.pdf
④Google for Education 活用に関する動画・資料リンク集（提供元 グーグル合同会社）
https://www.mext.go.jp/content/20201109-mxt_jogai01-000010310_001.pdf
⑤Microsoft Education 活用に関する動画・リンク集（提供元 日本マイクロソフト株式会社）
https://www.mext.go.jp/content/20201013-mxt_jogai01-000010310_003.pdf

Q7 保護者の理解を得るには、どのようにすればいいでしょうか。

保護者には、①なぜ1人1台なのか、②授業でどのように活用をするのか、③長時間利用や故障対応等の不安解消の3つなどを説明して必要性を理解してもらいましょう。

まずは、ＰＩＳＡ調査結果を使い、学習の道具としてのＩＣＴ活用はＯＥＣＤ加盟国のなかで最下位で、ＩＣＴを遊びの道具としてしか利用していない日本の子どもたちの現状を伝える必要があります。この整備によって、この状況を変え、さらに現在の学習指導要領で「情報活用能力」が「学習の基盤となる資質・能力」として位置づけられたように、これからの社会で必須の能力とされている「情報活用能力」の育成をこの環境を活用して行っていくことを説明します。もちろん、この情報活用能力とはどのようなものかについての説明も必要です。また、授業での活用方法を知ってもらうには、実際に活用体験をしてもらうことが最適ですが、授業での活用の様子を解説する短い動画を作成して配信することもよいでしょう。

このように必要性・有効性を説明しても、保護者には不安なことがあります。破損時の対応、クラウド活用での個人情報の扱い、目などへの影響、ネット上でのトラブル、持ち帰り時の活用方法などについて、わかりやすい説明を忘れてはいけません。

おわりに

本書の企画は『教職研修』２０２１年７月号の特集「『ＧＩＧＡスクール』を失敗させない」から始まりました。３年計画の予定で始まったＧＩＧＡスクール構想は、新型コロナウイルスの影響で急遽前倒し実施となり、十分な準備（言い換えてみれば教育委員会と学校の覚悟）のないままスタートしました。３年間の確約のない予算だったものが、大慌てではあるものの確実な単年度の予算がついたのですから、これはやらざるを得なかったと思います。しかし、人的資源に乏しい自治体にとっては混乱の極みであったと推測します。

２０２１年度に入り、整備されたＩＣＴ機器を活用するフェーズに入った小・中学校は、当然のようにさまざまなトラブルにみまわれました。ですから、ポスト・ＧＩＧＡは成功を目指すというより、出てきたトラブルを一つひとつ丁寧に潰していき、まずは「失敗ではない」状況、つまりポスト・ＧＩＧＡ本来のスタートラインに戻すことが先決と考えました。ここが特集「『ＧＩＧＡスクール』を失敗させない」の目指していたゴールです。

本書は、ここからＧＩＧＡスクール構想によって「進化する学校」を目指し、自治体や学校に進むべき方向を指し示すコンパスの役割を果たしていきたいと考え企画されました。もちろん現状では、すべての自治体、学校がスタートラインに立てているわけではありません。なかには、トラブルに気づかず前進している自治体もあるでしょう。ですから、多くの教育関係者の皆様が本書を手にすることで、トラブルに気づき、その対策に一刻も早く取り組むこと、そしてすべての学校が進化に向かって力強く歩み出すことを期待しています。そのため、本書では多くの先導的な教育関係者の手によって、多角的な視点でＩＣＴ機器活用を通した教育改革の手立てが示されています。さらに、本書で示された手立ては、ＩＣＴ機器の活用のみにとどまらず、学校ＤＸなどこれから教育が目指す姿を表すとともに、今後の学校管理職の果たすべき役割を示唆するものとなっていると考えます。

最後に、新型コロナウイルスの影響、ＧＩＧＡスクール構想への対応など、教育界が大きく揺れ動くなか、ご多忙を極めながらも本書の執筆にお力を貸していただいた文部科学省大臣官房文部科学戦略官の桐生様をはじめ、多くの執筆者の皆様に心より感謝申し上げます。

2021年7月　平井　聡一郎

執筆者一覧

―1章―

桐生　崇　文部科学省大臣官房文部科学戦略官・総合教育政策局教育ＤＸ推進室長
前田　康裕　熊本市教育センター主任指導主事
中川　斉史　１級教育情報化コーディネータ（徳島県上板町立高志小学校長）
櫻井　直輝　会津大学短期大学部講師

―2章―

駒崎　彰一　東京都渋谷区立原宿外苑中学校長【初出：『教職研修』２０２１年７月号】
佐和　伸明　千葉県柏市立手賀東小学校長
平井聡一郎　株式会社情報通信総合研究所特別研究員【初出：『教職研修』２０２１年３月号】
加藤　朋生　宝仙学園小学校教諭
櫻井　良種　茨城県教育研修センター教科教育課長
藤川　大祐　千葉大学教授
長谷川元洋　金城学院大学教授【初出：『教職研修』２０２１年３月号】
高橋　暁子　成蹊大学客員教授／ＩＴジャーナリスト

―3章―

稲垣　　忠　東北学院大学教授【初出：『教職研修』２０２１年３月号】
黒上　晴夫　関西大学教授【初出：『教職研修』２０２１年２月号】
伏木　久始　信州大学教授【初出：『教職研修』２０２１年２月号】
小柳和喜雄　関西大学教授【初出：『教職研修』２０２１年３月号／『教職研修』２０２１年７月号】

柴田　博仁　群馬大学情報学部教授【初出：『教職研修』２０２１年６月号】
近藤　武夫　東京大学先端科学技術研究センター准教授
田中　裕一　兵庫県教育委員会事務局特別支援教育課副課長

―４章―
平井聡一郎　(同右)
齋藤　浩司　横浜市立鴨居中学校長
新保　元康　元札幌市立屯田小学校長
小髙美惠子　埼玉県戸田市立戸田東小学校長

―５章―
高橋　純　東京学芸大学准教授【初出：『教職研修』２０２１年７月号】
平井聡一郎　(同右)【初出：『教職研修』２０２１年７月号】
梶本　佳照　新見公立大学特任教授【初出：『教職研修』２０２１年７月号】

―６章―
豊福　晋平　国際大学ＧＬＯＣＯＭ准教授
荒木　貴之　ドルトン東京学園中等部・高等部理事校長
寺尾　敦　青山学院大学教授【初出：『教職研修』２０２１年３月号】

―７章―
朝倉　一民　札幌市立発寒南小学校教頭【初出：『教職研修』２０２１年７月号】
毛利　靖　茨城県つくば市立みどりの学園義務教育学校長【初出：『教職研修』２０２１年７月号】
水谷　年孝　愛知県春日井市立高森台中学校長

GIGAスクール構想で進化する学校、取り残される学校

2021年9月1日　第1刷発行

編　集　　　平井聡一郎
発行者　　　福山孝弘
編集担当　　岡本淳之・桜田雅美
発行所　　　株式会社教育開発研究所
〒113-0033　東京都文京区本郷2-15-13
TEL.03-3815-7041／FAX.03-3816-2488
https://www.kyouiku-kaihatu.co.jp/

装幀デザイン　竹内雄二
デザイン＆DTP　shi to fu design
印刷所　　　中央精版印刷株式会社
ISBN 978-4-86560-541-9